中山出版
ZHONGSHAN PUBLISHING
香山承文脉 好书读百年

悠悠两地情

——中山与香港回归前后的故事

林　干　廖博思　著

SPM
南方出版传媒
广东人民出版社
·广州·

图书在版编目（CIP）数据

悠悠两地情：中山与香港回归前后的故事 / 林干，廖博思著 . —广州：广东人民出版社，2019.5

ISBN 978-7-218-11864-2

Ⅰ . ①悠… Ⅱ . ①林… ②廖… Ⅲ . ①香港－地方史－史料－现代②中山－地方史－史料－现代 Ⅳ . ① K296.58 ② K296.53

中国版本图书馆 CIP 数据核字 (2018) 第 285317 号

YOUYOU LIANGDI QING
——ZHONGSHAN YU XIANGGANG HUIGUI QIANHOU DE GUSHI

悠悠两地情
——中山与香港回归前后的故事　　　林 干 廖博思 著　　版权所有 翻印必究

出 版 人：肖风华

责任编辑：李锐锋　刘　颖
特邀编辑：焦丹阳
版式设计：陈宝玉
封面设计：蓝美华

统　　筹：广东人民出版社中山出版有限公司
执　　行：何腾江　吕斯敏
地　　址：中山市中山五路 1 号中山日报社 8 楼（邮编：528403）
电　　话：（0760）89882926　　（0760）89882925

出版发行：广东人民出版社
地　　址：广州市大沙头四马路10号（邮编：510102）
电　　话：（020）85716809（总编室）
传　　真：（020）83780199
网　　址：http://www.gdpph.com
印　　刷：恒美印务（广州）有限公司
开　　本：787mm×1092mm　1/32
印　　张：6.75　　字　　数：138千
版　　次：2019年5月第1版　2019年5月第1次印刷
定　　价：39.80元

如发现印装质量问题影响阅读，请与出版社（0760-89882925）联系调换。
售书热线：（0760）88367862　邮购：（0760）89882925

序

　　西江、北江、东江三江携千河万流汇集于珠江三角洲后，通过八大口门注入南海。从东向西依次为虎门、蕉门、洪奇门（沥）和横门的4个口门流出的四道江流，冲积成东至深圳市赤湾，西到珠海市淇澳岛一线以北，宽约65千米，水域面积约2100平方千米的珠江最大喇叭形河口湾——伶仃洋。

　　在这个烟波浩渺的海湾两侧，有两个隔海相望、一衣带水的地区，它们有着许多相似的地方：都以草本之香冠名——香山（中山）与香港；都曾位于同一"屋檐"下——同属南海郡、同属广州府、甚至一度同属东莞县；都曾最先接触西方文明，又都受到帝国主义的蹂躏——香山被葡萄牙霸占了澳门，香港被割让给英国。两地特殊的人文历史环境和千丝万缕的联系更造就了中国历史奇观：南宋末年，文学家、爱国诗人、民族英雄文天祥在浪涛颠簸中写下《过零丁洋》，高歌"人生自古谁无死，留取丹心照汗青"。1839年，林则徐禁烟，派兵在香山（中山）迫令澳葡当局驱逐英商义律。第一次鸦片战争期间，香山的清朝驻军对来犯的英军曾作勉强抵抗，香港在此次战争后被迫离开祖国的母体。近代以来，郑观应、孙中山、容闳、马应彪、蔡昌、程天固这些中山（香山）人在香港或鼓吹变革，或发动革命，或实业救国，影响了中国的历史进程。20世纪80年代，自改革开放打开国门伊始，香港人在中山先行一步，投资兴建国内第一家内地与香港合作酒店——中山温泉宾馆。香港人在中山获得了发展的良机，创造了财富。爱国、富国、强国成为海湾两头中国人的共同理想，也成为维系两地交往的经纬线。

1997年香港回归之后，在粤港合作框架下，中山与香港各方面的联系与合作更加密切和广泛，由此产生了许多感人的故事。在2017年"两会"提出的"粤港澳大湾区"的国家发展战略中，香港和中山担起大任，续写时代的辉煌。本书仅在中山与香港交流史的万千事例中摘取一鳞半爪，向读者讲述伶仃洋左邻右舍的传奇故事，展示中山与香港两地水乳交融的现状。

目　录

海湾两头都姓"香"

伶仃洋两侧的两个地区，都含有一个"香"字：香山、香港。

距今五千多年前的新石器时代，古越族人就已在香山（今中山）渔猎、生活。

公元前214年，秦始皇派任嚣率大军平定岭南后，设南海郡。此地属南海郡番禺县地。秦朝末年，赵佗创立南越国，香山归入南越国领地。公元前111年，汉武帝灭亡南越国，岭南

今日中山美景 （文智诚摄）

重归汉朝中央管辖，香山再为属南海郡番禺县地，其后直至晋朝。晋朝香山之地改属东莞郡地。唐朝时，这里水网交错、人口聚集、经济繁荣，朝廷便设置一个镇级行政区域进行管理。据唐朝《太平寰宇志》记载，此地有座五桂山，五桂山盛产"异花神仙茶"，此茶是一种野生茶叶，"异花"乃指"王者之香"的兰花，香闻十里，人们称它"隔山香"，所以五桂山也叫"香山"，新设立的镇遂取名曰香山。这是历史上香山的第一次亮相，隶属于东莞县地。这个"刚出娘胎"便被冠以"香"为名的地方与后来也姓"香"的香港其实也可以算是源出一地。

南宋年间，香山建镇已几百年，麦秀两歧，渔盐发达，银矿场更是吸引大批移民落户定居。一时间人丁兴旺，百业繁荣，远远突破一个镇的规模。曾任鄂州（今武昌一带）军事通判的香山人梁杞告老还乡后，看到家乡发展如此变化，便于宋元丰五年（1082 年）联同广东运判（征运赋粮的长官）徐九思，奏请朝廷立香山为县，成为香山立县的发起人。不过，梁杞的提议未得到朝廷批准。

南宋绍兴二十二年（1152 年），香山进士陈天觉因为得罪当时的达官贵人，被黜往广州东莞香山镇为香山寨官（守海防的武官，县级）。当时香山共置有田三百九十七顷六十六亩，秋粮一千二百七十八石，除留一千石外，需上缴东莞县二百七十八石。可是，香山镇与东莞县衙为珠江口一道伶仃洋所隔，交通极为不便，每每用船运粮到对岸东莞上纳时，中途常被海盗所劫。陈天觉不胜其烦，说服当时在行政上管辖香山岛的东莞县令姚孝资，两人以"役属东莞，以船输役，江上经常被盗，输役往来不便"为由，请求朝廷设县。同时将香山的役属东莞改为役属广州，"以便输役"。最终得到朝廷"诏准"设立香山县，属广州府，并从东莞、番禺、新会、南海划了部分地方归香山县管辖。

新县既立，就要确立县治，修筑城府。不料对于修建县城的候选地点，各方分歧颇大。以郑廷举、郑廷辅兄弟为首的丰乐乡乡绅代表认为，五桂山南面的平岚平原，即丰乐乡的桥头、平岚、乌石一带（今中山市三乡镇）地势广阔，村落集中，北靠五桂山，南临金斗湾，是建治筑城的理想地段。而以陈天觉及其兄陈天伦、弟陈天叙为首的仁厚乡乡绅代表，则坚持自己所在的石岐一带地势平坦，民居众多，前有石岐海，后有五桂山，才是建立县城的好地方。为了定出建城地点，陈天觉提出一个解决方法："建城必须贵地，地贵者土重，须兑秤两地之土，重者方可建城。"本来，两地相隔不远，土质应该相差不大。不过，陈天觉既然提出这个点子，当然自有一番安排。据《陈氏族谱》和《香山县志》记载，陈天觉暗中使人将铁沙混入仁厚乡的泥土中，拿去和丰乐乡的泥土比重，最终仁厚乡因泥土较重而胜出，城址始定于石岐平原。

南宋绍兴二十四年（1154年），历经两年建设，香山县城于石岐平原屹立而起。由于"炼铁和土"和"秤土"的故事，石岐因此又有了"铁城"的别称。

宋朝至明朝，香山县的人口和赋税状况还不足以与老资格的大县相提并论，香山县均被列为下县。但清代以后，香山发展很快，在清嘉庆年间，已与南海、番禺、东莞等同列为大县。

海湾另一头也出现变化。

早在远古时代，香港地区就已有人居住，汉朝在岭南设置了南海、合浦、交趾等九个郡。香港地区划归南海郡博罗县管辖。此后一直延续到西晋时期。

东晋成帝咸和六年（331 年），南海郡东部被划出，设为东莞郡，下辖宝安、兴宁、海丰等六个县。宝安县的辖地包括今天的香港地区和深圳市、东莞市，县城就是今天的深圳南头城。隋朝时又废东莞郡，将辖地并入广州府南海郡，宝安县也改为隶属南海郡，香港则仍归宝安县管理。

唐肃宗至德二年（757 年），宝安县被改为东莞县，香港又归东莞县管辖。明神宗万历元年（1573 年），广东巡海道副使刘稳奏准朝廷，将东莞县滨海地区划出另设一县，名为新安县。自此，香港地区改属新安县管辖。

不过，香港的名字却不像香山那样得自于皇帝的册封。香港，顾名思义就是芳香的海港。清嘉庆年间的《新安县志》载有九龙寨、屯门、薄扶村、香港村、黄泥涌等地名。彼时的香港村仅是香港岛的自然村落。香港村旁，有一泉流涓涓注入海中，如一条翠绿飘带。泉水清冽醇香，深为过往水手喜爱，称此泉流为香江，其港湾谓之香港。当然也有另一种说法，即历史上香港及广东东莞、宝安、深圳一带盛产莞香，

东莞一带所产的这种香料最有名，故称"莞香"。今香港新界沙田、大屿山等地，古属东莞，亦产莞香。当时莞香多数先运到香埗头（今尖沙咀），再用小艇运至港岛南边的香港仔与鸭脷洲相抱形成的石排湾，然后换载"在眼鸡"帆船转运广

州，再行销北方，远至京师。莞香所经之地，多被冠以"香"字：集中莞香的码头叫香埗头。在明朝时，此香香味奇特，颇受人们的喜爱，故而远销江浙，饮誉全国。由于当时贩香商人们一般都是在港岛北岸石排湾港将莞香船运往广州或江浙等省，所以人们将这个港口称为香港，意为贩香运香之港。港口旁边的村庄则被称为香港村。这种状况一直延续到1840年。

海湾两边这两个同姓"香"的地方，都在1840年第一次鸦片战争中改变了命运。

道光十九年（1839年），林则徐来广东主持禁烟，8月16日驻兵香山县城，命令澳葡当局驱逐英商义律等人。道光二十年（1840年），第一次鸦片战争爆发之后，香山成为战场之一，英国战船驶至澳门关闸，强行登陆，香山的清朝驻军曾作抵抗。因为这次战争的失败，香山与香港都遭受失地之痛。

1841年英国侵略军在港岛南部赤柱登陆后，由一名叫陈群的当地居民带路向北走。经过香港村时，英军询问该处地名，陈群用当地土话答称"香港"，英军即以陈群的地方口音Hong Kong记之，并用以称呼全岛。清道光二十二年（1842年），中英鸦片战争中清廷战败，被迫割让香港岛给英国。在1842年签订的《南京条约》中，香港作为全岛的名称被正式确定下来。1856年签订的《中英北京条约》清政府被迫割让九龙地区，1898年签订《展拓香港界址专条》之后，香港又进而成为整个地区的称谓。

香山县也在这次鸦片战争中完全失去澳门。澳门原本属于香山县。明朝嘉靖三十二年（1553年），葡萄牙人借机在澳门半岛定居。第一次鸦片战争以后，道光二十五年（1845年）葡萄牙人宣布澳门为"自由港"。1849年葡萄牙人赶走香山驻望厦村的县丞，将澳门侵占。

香港位于中山市东南54海里处，鸦片战争之后，英国人将割得的香港拓展为商埠。与此同时，内地封建经济开始解体，沿海地区商品经济萌芽，中山（香山县）因毗邻香港，而且是华侨众多的著名侨乡，中山人对吸收现代文明和发展商品经济，有着天然的敏感和热情。香港和中山两地人员文化经贸交往由此日益频繁。到20世纪初，石岐口岸得到天时地利人和之便，发展成珠江口两岸进出口物质的重要的集散地。

第一次世界大战期间，帝国主义列强无暇兼顾中国，而且由于战争波及整个欧洲，西方经济萧条，海外大批侨资开始汇入国内，一些港澳乡亲看中中山的地缘优势，纷纷来石岐投资工商业，开办金融业务，经营的商品有石油、洋布、卷烟、五金、化妆品等。

清光绪末年，沙溪石门华侨王广昌创办岐港恒利轮渡公司，开航香港。1918年，第一次世界大战结束，岐港轮拖恒利有限公司开办石岐至香港火轮拖渡客运，"恒昌"、"利盛"两艘大花尾船成为来往石岐至香港的定期航运轮船，每日对开石岐和香港一次。1923年9月，国兴公司的"永祯"、"永祥"两艘花尾渡加入中山香港航线的竞争。交通畅顺，两地经济贸易和人员的密切往来，不少中山的名优特产如咀香园杏仁饼和黄圃腊肠等随着在香港的中山人日益增多而开始行销香港，并以香港为中转站，远销海外华人社区。

香港开埠，大批中山人来到香港发展。20 世纪以来，中山（香山）乡亲旅居港澳地区的总数达 30 万人，这些人大多是劳工或小本生意经营者，也有少数经过奋斗成为当地商界巨子，甚至进入十大首富之列。中山乡亲为繁荣香港经济所作出的贡献一直受到世人的瞩目。尤其值得一提的是，辛亥革命前夕，不少海外华侨为响应孙中山"实业救国"的号召，纷纷将海外的产业转移到香港，并以之为桥头堡，投资内地。著名的如侨居澳洲的香山华侨马应彪、郭乐、李敏周和蔡兴等四个家族，他们创办的"先施百货"（香港）、"永安百货"（香港）、"新新百货"（上海）和大新百货（香港）在港澳地区家喻户晓，商誉极高。

一百多年来，中国出现了翻天覆地的变化。香山因为纪念孙中山被改名为中山，改革开放后更一跃成为广东经济最为发达的"四小虎"之一。香港在二战战后的特殊年代，推行出口导向型战略，重点发展劳动密集型的加工产业，在短时间内实现了经济的腾飞，一跃成为全亚洲发达富裕的地区，跻身于"亚洲四小龙"。

中国政府于 1997 年 7 月 1 日收回了香港的主权，从此香港也结束了一百多年的流浪史，回归祖国大家庭。

香港人的中山路

1979 年 7 月 15 日，中共中央决定在广东和福建的四个城市：深圳、珠海、汕头和厦门试办特区。"特区"的主要内容是扩大地方和企业的外贸权限，鼓励增加出口。简单来说就是要将这四个特区作为中国对外开放的试点，广东成了世界瞩目的焦点。

"春江水暖鸭先知"，身为侨乡，中山凭借华侨众多的优势，开改革开放之先河。

霍英东与邓小平的"不走回头路"

1984 年，改革开放进入第五个年头，囿于计划经济年代的僵硬观念，国内许多人对外资大量进入广东，"三来一补"的工贸形式盛行持怀疑和批评态度。邓小平 1984 年 1 月在中山视察时一句"不走回头路"，显示这位改革开放总设计师对广东改革开放的肯定和支持，"不走回头路"也成为中国改革开放的决心和信念。这句话与香港实业家霍英东及他建设的中山温泉宾馆密不可分。

邓小平在中山三乡中山温泉宾馆旁的罗三妹山提出"不走回头路"的口号。这家因此闻名全国的宾馆是香港爱国实业家霍英东先生投资兴建的国内第一家内地与香港合作酒店。

1978年12月19日,《澳门日报》的一篇"中山县翠亨村将开为旅游区"的报道,吸引了霍英东的注意。他动身到中山县考察,发现三乡镇空气清新,风景优美,上有罗三妹山,下有温泉,是疗养度假的好地方。霍英东当即决定:建温泉宾馆!

就这样,霍英东成了第一个回国投资酒店的香港商人。

尽管爽快地决定了要在中山建酒店,但是引入外资,建设中外合作酒店对于霍英东和中山市来说也是头一遭,没有任何经验可以借鉴。光是草拟协议,就颇费心思——既不能套用独资的,又不能套用来料加工的。行政人员推敲了一个星期,也没有理出头绪。后来霍英东说:"叫补偿投资协议吧。"他表

1979年的中山温泉工地(资料图片)

示赚钱后只收回成本，不计利息，不分利润。

随后，霍英东联合何贤、何鸿燊、马万祺等港澳富商，与广东省旅游局签署《补偿投资协议》，投资 4000 万港元兴建中山温泉宾馆。

霍英东想要办酒店的想法很简单：中山是著名侨乡，改革开放打开国门后，大批华侨、港澳同胞回到中山，可是内地的酒店设施太落后，没冰箱，没浴缸，没热水，而且物资贫乏，交通不便，要回一趟内地委实是太累人了。"既然改革开放让人家来投资，首先必须有符合现代化要求的生活环境，有个适宜的食宿地，使人进来了留得住。"霍英东回忆当年的决策时

中山温泉宾馆入口处
（资料图片）

1980 年，中山温泉建成全景图（资料图片）

1980 年 12 月 28 日，中山温泉宾馆开业盛况

仍十分感慨，"老实说，当时若说我们搞宾馆是为了发财，那是绝对不可能的。但我看到大陆在这方面很落后，觉得如果能经营好一间酒店、宾馆，作用可能会很大。"

中山当时还是县级行政级别，政府深知这个项目对中山县发展的重要意义，于是积极参与、配合，中央政府和省政府也给予了大量的支持。但是，中山温泉宾馆毕竟是国家经历了十年内乱后的第一个中外合作项目，作为承办这一项目的开拓者，霍英东遇到的困难仍是常人难以想象的——合作的方式从无先例，国家经济极度困难，各种物资奇缺。正如廖承志当时对霍英东所说："内地人力、砖头沙石都够你用，其他的我帮不上忙，得靠你自己进口了。"然而即使是人力到位了，效果仍是差强人意，多年的"大锅饭"让当地的工人养成了懒散的作息，"磨洋工"成为司空见惯的现象。在筹建过程中，需要进口设备、建材、物料、食品，需要聘用海外管理人员，需要改革工资，需要订立打开大门做生意的制度，而且中山温泉宾馆拟在 1980 年 12 月 28 日正式开业，时间上非常紧迫。当时广东省的领导和朋友都劝霍英东不要赶时间开业，但霍英东还是按原计划送请柬出去，请了国务院侨办的官员，请了杨尚昆、刘田夫、梁威林等省领导以及港澳不少知名人士。霍英东认为路是走出来的，改革开放第一步很重要，应该敢冒风险，成败对错都能承担。"我计算过船期，对按时开张并不是完全没有把握。但那些货品运来澳门，再运到珠海拱北和中山，只有五个星期的时间，哪一个环节出了问题，都会误期。我那时这样做，可以说是破釜沉舟，背水一战。"

当年新华社香港分社社长王匡评价霍英东说："众所周知，改革开放、合资经营、先行一步，并不是一件容易的事。在这

1980 年 12 月 28 日，时任广东省领导的杨尚昆（右五）主持中山温泉宾馆开业庆典剪彩仪式。

方面霍先生可称得上是一位有识有胆之士，是一位'敢吃螃蟹的人'。投资于国内旅游业，在思想认识、经济体制和经营管理上都有许多实际问题，但灵活变通的措施，突破了旧体制的限制，温泉宾馆不仅如期开幕，而且摸索积累了一些兴建和经营旅游业的经验。打破了海外投资者对投资国内旅游业的神秘感，消除了他们的顾虑，为后来更大规模地吸收和使用外资作出范例。"可以说，在改革开放上，霍英东这位先锋功不可没。

1982年，中山温泉宾馆开始赢利，营业额仅次于广州的东方宾馆、上海的锦江饭店、四川的锦江宾馆和北京的北京饭店，跻身中国内地五大宾馆之列。

1984年1月，邓小平视察广东。在1月26日看完深圳特区后，他转到珠海参观几间工厂，当晚入住中山温泉宾馆。1月28日，邓小平登上宾馆后面的罗三妹山，俯瞰中山的变化。下山时警卫建议原路返回，他斩钉截铁地说："我从来不走回头路。"就在这天晚上，邓小平会见港澳知名人士霍英东、马万祺时说："办特区是我倡议的，看来路子走对了。"29日中午他为珠海特区题词：珠海经济特区好。下午前往广州。深圳特区的同志得知邓小平为珠海特区题了词后，急派人员赶到广州请邓小平为深圳特区题词。邓小平欣然题写：

深圳的发展和经验证明，我们建立经济特区的政策是正确的。

邓小平 1984年1月26日

1984 年 8 月 24 日，霍英东（左）、荣高棠（中国高尔夫球协会主席，中）及郑裕彤博士（右）参加中山温泉高尔夫球场开幕仪式。

题词这天本是 2 月 1 日，而邓小平则将日期写成他离开深圳的 1 月 26 日。也就是说，邓小平为珠海、深圳特区题词是在视察中山温泉宾馆及会见霍英东之后。

中山温泉宾馆最初以接待外宾为主。出于争取客源的考虑，中山温泉宾馆开业不久，霍英东就提出投资兴建中山温泉宾馆高尔夫球场的建议。当时，不仅普通的中国人，就连很多政府官员亦不知高尔夫球是何物。因此，霍英东的提议受到来自多方面的质疑，甚至有人说："改革开放，是否连这种很贵族化和很资产阶级化的玩意儿也引进来？"直到 1982 年高尔夫球运动被列入第九届亚运会正式比赛项目，中山温泉宾馆高尔夫球场才真正开始动工。

中国中山温泉宾馆高尔夫球会成立后，霍英东从中山县农村挑选了 19 名农家子弟组建了中国第一支高尔夫球队伍。就是这样一支"泥腿子"队伍，后来多次在国际比赛中取得名次。

有人给中山温泉宾馆总结了几个第一：全国第一个中外合作经营管理的酒店；全国第一个对外开放，可以让群众参观的酒店；全国第一个对外销售以进口面粉做面包的酒店；拥有全国第一个高尔夫球场；全国第一个实行工资改革的企业；全国第一个不用粮票进餐的酒店；全国第一个物价放开的企业；全国第一家实行商品价格浮动，不用专用票证，敞开供应的酒店；全国第一个工作服装改革的企业，男服务员穿西装、女服务员穿高跟鞋。

霍英东对中山温泉宾馆的投资，打破种种禁忌，创造了"看得见、摸得着"的改革开放成果。中山温泉宾馆作为中国改革开放后第一家中外合作企业，它的成功无疑是改革开放在中山试水的一剂强心剂，大大增加了各方对改革开放的认识与信心，并对后来的城市发展与规划建设产生深远影响。这也明确地向世人证明，中国的改革开放，就是"不走回头路"。

霍英东与美国高尔夫球球王庞玛（右）

长江乐园：第一家中外合资大型游乐园

霍英东在中山兴建的中山温泉宾馆成功了，这为不少正处于观望状态的港人注入了一针强心剂，不少香港同胞也抱着报效祖国的赤子之心来内地寻找商机。广东中山是不少人的第一站，中山温泉宾馆、长江乐园……旅游业曾经流传着这么一句话："全国旅游看广东，广东旅游看中山。"作为全国首个引进外资的大型综合游乐场，长江乐园在改革浪潮中诞生于中山。

20世纪70年代末至80年代初，一位嗅到了"春天气息"的常往来于港澳和内地的香港商人及日本一家出租车的老板看中了中山这块正待开发的璞玉。多番考察之后，两人很快决定联手将在日本炙手可热的游乐园"复制"到中山来。

他们与当时的长江旅游发展总公司一起合作，由长江旅游发展总公司提供土地——有"长江叠翠"之称的长江水库一带，

20世纪八九十年代市民到长江水世界戏水消暑。（付希华摄）

他们提供资金并从日本进口二手游乐装备，包括碰碰车、翻滚飞车、激流探险、旋转飞碟、空中单车等。这些如今已司空见惯的游乐设施对当时的中山人来说十分新奇，设备安装好后，在场所有人都大加赞赏，这也让他们更坚定了长江乐园会一炮走红的信心。

说到长江乐园游乐设施的安装，其中还有一个有趣的小插曲。

20世纪80年代，如今的中山市游戏游艺行业协会会长、金马游艺机有限公司董事长兼总经理邓志毅还只是国有企业中山机床厂的一名普通销售人员。这一天，他听说同事们接到了一桩特殊活儿——安装进口游乐设备，需要高空作业——这在当时是闻所未闻的新鲜事。邓志毅不明白什么样的游乐设备需要搞机床的人来安装，更没想到同事们安装的这些机动游戏创造了国内第一。

1983年7月15日，长江乐园正式开门迎客。作为全国第一家中外合资的大型游乐园，长江乐园是国内最早具有现代化游乐设施的大型娱乐场。

长江乐园位于长江水库大坝下方，占地面积四万平方米，各种游乐设施星罗棋布，让人目不暇接。在当时，这些游乐设备让人大开眼界，翻滚飞车最具代表，人龙之长简直看不见哪里是尽头。为了坐一次翻滚飞车，人们起码得排上三四个小时的队，不少人从车上下来后还意犹未尽地要去排第二次，一边排队一边手舞足蹈地向身边人讲述车上是如何惊险刺激，配合半空轨道传来的阵阵"惊魂尖叫"，众人既担惊又期待。

长江水世界举行趣味运动会（赵学民摄）

当时除日本外，只有美国和联邦德国才有这些机动游戏，不少游戏机产品甚至早于港澳地区引进。来自内地和港澳的游客蜂拥而至，全国各地的旅游包车一辆接着一辆。不仅如此，我国内地最早的娱乐节目——广东电视台的《万紫千红》还把第一次节目的外景拍摄地点选在了长江乐园，可见当时长江乐园的影响力。

当年，广东改革开放的成就吸引了全国各省市领导前来参观学习，长江乐园往往是各级领导考察的"第一站"。这些在今天看来稀松平常的游乐设施，吸引了杨尚昆、胡耀邦、李鹏、十世班禅额尔德尼以及柬埔寨西哈努克亲王等领导和外国友人。

1984年5月24日，中共中央总书记胡耀邦视察中山，特地到长江乐园调研。

胡耀邦对乐园内的各种先进游乐设施很感兴趣，不时询问身边陪同的中山市委领导。当胡耀邦一行人来到"翻滚飞车"的站台时，他更是健步跨上飞车，兴奋地挥手大喊："开呀，快点开呀！"当时胡耀邦已年近七旬，出于安全的考虑，身边的工作人员连忙把他搀扶出来。胡耀邦有点无奈地说："我不怕翻滚，让我试一下嘛！"后来到"激流探险"处，胡耀邦又跃跃欲试。经讨论，大家觉得这个游乐项目安全稳当，于是就让他和几个省市领导一起乘船去"激流探险"。船到终点，他连说"好玩"，意犹未尽还想再来一次。

胡耀邦参观长江乐园时说："我们要发展旅游业，吸引更多的国内外游客。"参观完毕后，他还在休息室即席挥毫，写下"发展旅游，促进四化"八个大字，以表达对中山发展旅游业的殷切期望。

中山长江乐园的成功经验如同蒲公英的种子一般，很快便在神州大地上生根发芽，催生出了中山乃至全国的游艺游戏产业。继长江乐园之后，东方乐园、南湖乐园、香蜜湖乐园、深圳湾乐园、珠海珍珠乐园相继在珠三角地区如雨后春笋般冒出，全国各地也繁生出了众多游乐园：北京石景山、上海锦江……

游长江乐园、住中山温泉宾馆成为当年广东人最时尚的旅游路线，并派生出一种特别的旅游产品——中山面包。当时中山温泉宾馆、长江乐园都从香港聘请了专业的面包师傅，用外国进口面粉配上独特手法烤制面包。"去中山吃面包"很快便成为了当时年轻人的一个时髦风潮，堪比现在去中山吃乳鸽。

"北冰南移"的广寒冰宫

1984 年 11 月，一座名为"广寒冰宫"的室内真冰溜冰场悄然在中山市开始动工，该溜冰场由中山市政府与香港同胞宋元生先生合资兴建，占地面积 2700 平方米，于 1986 年 6 月建成营业。作为我国南方第一座室内人造真冰溜冰场，广寒冰宫填补了我国南方城市没有人造真冰溜冰场的市场空白，很快便成为了中山乃至珠三角地区一道夺目的风景线。

80 年代初期，中山籍香港商人宋元生希望出资兴建一所体育场馆来回报故乡人民，此时国家体育管理部门正筹备"北冰南移"的战略计划。从 20 世纪 50 年代起，我国开始开展冰上竞技运动项目，由于当时室内没有滑冰馆，大多竞赛项目都只能在室外举行。改革开放之前，我国的冰上项目中，只有速度滑冰进入过世界排名的前三，由于受地域、季节等条件限制，我国的冰上竞技运动一直"南北有别"。南方运动员在田径、游泳、跳水等项目上占有优势，而冰上项目则是北方运动员的优势所在。国家体委希望能实施推动"北冰南移"的战略计划，通过在南方经济较为发达的省市建造一批滑冰馆、建立专业滑冰队，把滑冰运动普及起来，进而推动中国冰上项目在南北方的共同发展。但当时很多南方城市受制于地理、气候因素，并不太看好发展冰上运动。

中山地方政府考虑到国家"北冰南移"的政策支持，又有宋元生资金的支持，便商议兴建广寒冰宫室内真冰溜冰场。中山地方政府部门在中山二路旧体育中心内（现中山体校学生宿舍附近）规划出 2700 平方米的土地，用于建设溜冰场。

广寒冰宫的溜冰场分两层，一层是一个 600 平方米的真冰场和一个 600 平方米的旱冰场；二楼有一个餐饮厅、一个交谊舞厅，还有一个迪斯科舞厅。

广寒冰宫真冰溜冰场的顶棚按照舞厅标准设计，安装先进的灯光照明系统，装配从澳门进口的高档音响。整套制冷设备从国外进口，旱冰场的地板也采用高档柚木制成。整个溜冰场华丽大气，全市罕有。

"进去以后，感觉就像是一个非常大、豪华的迪斯科舞厅，只不过人们不是在里面跳舞，而是溜冰。"张文建仔细地回忆道，作为广寒冰宫溜冰场招聘的第一批合同工，张文建自开馆便负责冰场的设备制冷和巡查冰面等工作。

同是广寒冰宫的第一批员工，曾任中山体校校长的黄社标，当时也和张文建一样在溜冰场内的行政部做管理工作。他说，广寒冰宫建成营运之前，很多南方人对于室内真冰溜冰闻所未闻、见所未见。真冰场一建成，瞬间成为市民眼中的稀罕物，并很快将中山的滑冰运动推向了前所未有的热度。

"当时整个南方只有这一座溜冰场，广州、香港、澳门的市民都来这里滑冰。其中从澳门来的人最多，周末很多人会从澳门搭车来中山滑冰。"提起当年溜冰场内的热闹场景，黄社标直到现在仍记忆犹新。他说，当时很多赶潮流的年轻人滑冰技术不好，一群年轻人手拉手排起"冰上长队"，那洋溢着青春气息的热闹场面，总让在外围的市民驻足观看。

"门票 10 元一张，团体票和学生票 4.5 元一张，这在当时还是比较贵的。但开业初期还是很多人去溜冰，很多20岁左右的年轻人，会一大帮朋友一起购买团体票去溜冰。"张文建回忆，溜冰场当时营业时段分为下午场和晚上场，下午场营业时间为14:30至17:30，晚上场为19:30至23:00，每天都有近千人次来溜冰。到了周末，售票窗口前更是人满为患，等待入场溜冰的市民不计其数。

如今在全民健身广场担任副场长的伞彤彤出生于吉林省长春市的一个滑冰世家，17岁时曾在全国花样滑冰比赛中夺冠。中山"广寒冰宫"建成开馆后需要师资等配套的投入，便从东北吉林邀请伞彤彤的父母来中山任教。

据伞彤彤回忆，父母到中山两年后，自己从北京体育学院（现北京体育大学）毕业，便追随父母来到广寒冰宫任教。"那时候我父母都已经五十多岁，很多技术要领只能口头传授，没有办法再做动作示范，我就负责带一些队员开展日常的训练。"

1988年，伞彤彤的父母组织起中山市第一支业余溜冰队，还逐步将部分场馆内的工作人员训练成为国家二级裁判。为了甄选优秀的滑冰"苗子"，教练又通过当时中山市教委，将部分中小学的体育课搬到溜冰场来，并选材组队开展专业训练。

1988年至1995年期间，中山业余花样滑冰队一直保持着20—40人的规模，每年都会参加市里组织的花样滑冰赛事，成为我国开展冰上竞技运动项目较早的一支南方队伍。1990年前后，溜冰队员的技术已经可以正常开展周末的场内表演。队内几名表现优异的小队员后来还获得了前往香港、澳门等地表演的机会。1992年前后，一些已经接受了四五年训练的优秀队员,陆续获得了全国青少年花样滑冰赛女子单人滑的冠军、亚军,以及男子单项第二、全能第四等优异成绩。1990年,中山选派了高雅莉、彭宇靖两名队员参加第七届全国冬运会,开创了南方省市参加冬运会的先河,改写了中山群众体育活动的历史。

中山香港"前店后厂"优势互补

新中国成立后,中山与香港经贸交流也进入全新时期。许多香港乡亲关心中山,积极捐资捐物支持家乡的经济建设。同时大批侨汇经过香港寄到中山千家万户侨眷侨属手中,在那个特殊年代,这在一定程度上改善了中山人的生活,这些侨汇也为当时受到帝国主义封锁的新中国国家对外贸易提供了大量的外汇硬通货。中山人也响应国家号召,为保障香港居民生活稳定尽心尽职。1953年起,中山每天都有一支由两艘船组成的特殊运输队把鱼虾等鲜活水产品运往香港地区。即使是在共和国最困难的时候,运输队也没有中断过。至1997年,中山"水出集团"出口的塘鱼类货品已占香港市场总份额的30%至40%。

改革开放后,中山与香港的经贸交往进入鼎盛时期。珠三角是内地率先实行同香港经济合作的重点区域。20世纪80年代初,适逢香港制造业向服务行业转移,珠三角以其劳动力和土地资源等低成本优势,为香港的产业转移和升级创造了必要的条件和空间。由此,两地创造了"前店后厂"的独特的经济合作模式。

80 年代初到 90 年代末，回乡观光、探亲的港澳同胞接踵而来，一部分具有远见者率先大胆投资，拉开了新中国成立后外商在中山投资的序幕。其中最引人瞩目的是由霍英东、马万祺、何鸿燊、陶开裕、何厚超等参与注资兴建的全国第一家中外合作旅游宾馆——中山温泉宾馆。沙溪申明亭村的旅港乡亲杨玉维、杨帝增、杨文立等，1979 年冬趁回乡探亲之便，对本村加强村办企业建设的需要和可能，同村干部及群众交换意见。次年春主动捐赠衣车 30 台、资金 10 万港元以及配套零件和布碎一大批，同时提供裁缝师傅和技术资料，帮助申明亭村办起第一间村办制衣厂，也是全县第一间新型制衣厂。由于设备、技术、服装款式均适应新潮流，制衣厂业务发展迅速，两年后再扩建一间新厂。两间制衣厂共解决本村 250 多人的就业问题，还为全村 100 多名退休老人按月提供生活补助。村民说："办起一间厂，富了一村人。"

小榄永宁村旅外乡亲投资家乡办企业的成绩也很可观。旅港乡亲李立为香港添利电子集团董事长，1983 年便投资在永宁办起电脑版厂。旅港乡亲麦克贞为香港大华集团董事长，1984 年投资 1660 万港元，同永宁村合办永大胶粘制品有限公司、永华胶带厂及永昌电工带厂等。这些企业引进国外 80 年代先进的设备和技术，是国内大型胶粘带生产企业之一。

石岐莲峰区旅港乡亲毛楚坚为香港晶苑纺织集团董事，也是投资家乡办企业的积极人士。1980 年他率先在莲峰区办起第一间来料加工厂——莲盈毛织厂。随后几年中，他继续兴办中山织造厂、中山织造二厂、东凤毛纺厂、东凤染厂、湖滨制衣厂等八间工厂，为中山纺织工业的发展作出贡献。

南朗翠亨村旅澳门乡亲王启翔，家族三代管理澳门侨光公司。20世纪70年代末，王启翔与兄妹回家乡考察后，决定在南朗成立中山侨光纺织有限公司，独资办厂。在当地政府的帮助下，王启翔与工人们同甘共苦，使公司的生产蒸蒸日上，后来成为集毛纺、染整、毛织、针织、制衣于一体的大型毛纺织生产基地。

浪网旅港乡亲陈广球积极投资浪网镇工业。1980年他在浪网兴办"三来一补"企业——新华手套厂。随后五年间，他继续投资在浪网办起皮鞋、织布、服装等九间工厂，为本镇解决三分之一共3000人的就业问题。按1985年统计，这十间工厂工业总产值达到3000多万元。

港口镇旅港乡亲郑伯勋先生1981年回乡探亲，发现家乡几无机械铸造业，便提出兴办铸造厂。他无条件提供资金和设备，无私传授技术，使铸造生产持续稳定发展。该厂铸造的生铁排污水管质量上乘销路广，还解决了40多乡亲的就业问题。

还有不少港澳乡亲投资家乡渔农业。石岐郊区旅港乡亲蔡继有为香港新华海产集团董事长，早在20世纪80年代初便投资兴办横门机械捕捞作业队，共有新型捕捞渔船20多艘，使中山的海产捕捞业步入现代化。大涌的旅澳门乡亲李炳俊和萧文龙于1989年投资大涌镇，办起良种"妃子笑"、"糯米糍"荔枝园，同时兼办瘦肉型良种猪场。民众旅港乡亲梁炎胜、三角旅港乡亲吴程伟、沙溪旅港乡亲黄观金、王广连以及张家边旅澳洲乡亲陈炳林等，先后在本镇本村投资办起有一定规模的果场和农场。改革开放多年来，中山利用外资一直平稳增长，到 1997 年 5 月，全市已批办"三资"企业 2000 多家，其中港资企业在数量和资金上都占 75％以上。1996 年，中山"三资"企业全年实现总产值 128 个亿（港资企业占 75％以上），占全市工农业总产值的 29％。

与珠三角大部分地区相似，港资企业在中山有三个特点：一是资金主要集中在制衣、制鞋、玩具和电子行业，如三乡宝元鞋城总投入达 10 亿元，嘉华电子城总投入也达 5 亿元；二是一般劳动密集型加工企业多，附加值高的产业群组少；三是直接投入到制造业的多，投入到服务行业及通讯、电力、供水等基础设施和环境保护产业的少。

除了"前店后厂"这种合作形式，中山与香港在进出口贸易方面的合作也是空前的。广东省当年 80％左右的出口通过香港，在中山对外出口总额中，直接出口到香港的也占 80％。除淡水鱼类外，中山的许多农副产品如蔬菜、水果、"三鸟"及一些来料加工、净料加工品等也直接供应到香港市场。1996 年，"中山水出"公司出口创汇 4000 万美元，"中山果出"公司出口创汇 2000 万美元，食品进出口公司出口总创汇也达 500 万美元左右。

香港也是中山名牌工业产品——"中山货"的主要市场和出口中转站。1980 年，中山家用电器厂生产的"千叶牌"电风扇已开始风行港澳市场，"珠江桥牌"酱油也以名牌货姿态进入香港。1982 年，"中山濑粉"在香港市场被誉为"广东米粉五大皇牌"之一。接着，"威力牌"双缸半自动洗衣机等一批新兴工业产品也先后在香港市场占据一席之地。如果说20世纪80年代初，香港进入经济调整期和广东在改革开放中先行一步是粤港经济合作的第一次机遇，那么"九七"香港回归无疑又成为粤港经济合作的新的契机。

从某种意义上说，在"七一"回归之前，香港实际上已完成了经济上的回归。据统计，回归之前，香港迁入广东的制造业工厂已有四万多家，雇用工人超过五百万人。专家指出：随着经济和社会的进一步发展，广东，尤其是"珠三角"寸土寸金，劳力和土地成本不断攀升，必然导致劳动密集型的制造业竞争力大为降低。因此，在当前粤港两地科技工业水平都还不高的情况下，依靠高新技术来实现工业转型已势在必行。

由经济发展客观情况决定的粤港"厂店"合作关系的升级，显然也是中山与香港"九七"后经贸合作的客观需求。"九七"香港回归后，粤港合作方式转变，既是机遇，也是挑战。中山目前亟须在旅游业、房地产业、信息业乃至金融业和农业方面利用香港国际经贸中心的优势，展开"相互支持、优势互补、利益共享"的新合作。

展望中山与香港经贸合作的未来，中山学院经济系主任罗文彬认为，21世纪，中山与香港合作可望在生物工程、电子技术、资讯服务和服装制造四大领域有所作为。罗文彬尤其看好中山与香港两地在生物工程领域的合作前景。她指出，与内地相比，香港有非常好的中药提炼技术，但生产、加工能力不足，中山的国家高科技健康产业基地正好可以优势互补。

中山与香港回归

　　与香港一衣带水，历史上关系密不可分的中山，在香港回归之际也牵起了巨大的感情波澜。

中山号：载国家领导人接收香港

　　1840年，英国侵略军仗着船坚炮利，从伶仃洋海面打响了鸦片战争第一炮。1841年1月26日，第一次鸦片战争后，英国侵略者乘船强占香港岛。1997年7月1日，香港回归祖国，中国领导人乘船接收香港。

　　1997年7月1日，香港回归祖国的前夜，时任国家主席江泽民和一部分党和国家领导人需从下榻的九龙海逸酒店横过维多利亚港前往位于香港岛的国际会议展览中心，出席那里举行的香港主权移交仪式。当时承担海上接送这一光荣历史任务的，就是"中港客运联营有限公司"的"中山号"客轮。

　　香港回归的整个庆典活动，内容很多，时间安排相当紧凑，特别是在国际会议展览中心举行的主权移交仪式举世触目，不能有分秒之差，时间的准确性具有重大的政治和历史意义。安排国家领导人安全准时到达仪式现场，成为大会主管人需要考虑的问题。如果从九龙乘车到香港，需穿过海底隧道，道路交通较为复杂。回归前后，香港市民的庆祝活动很多，造成的交通压力也更大。面对种种的安全、时间问题，海上交通是最好的解决办法。

当然，英国人坐船侵占香港，我们也坐船把她收回祖国怀抱，更具象征意义！

但是，坐什么船呢？

当时的港英政府有专门用于接待的豪华游艇，但是它们在回归前夕都悬挂英国国旗。按相关的国际法，船只悬挂的国旗，代表着该船的注册地和国籍，是漂游在海上的该国领土。我们的国家主席不可能乘坐别国的船去收回自己的领土主权。

我国有关部门遂决定，由当年香港水域唯一悬挂五星红旗的客运船队——珠江船务发展有限公司的客轮"中山号"承

"中山"号客轮（资料图片）

担接送中华人民共和国国家主席参加香港主权移交仪式的光荣任务。

1984 年，经国务院批准，中山口岸成为对外开放的国家一类口岸。1985 年 2 月 9 日，中山市岐江集团有限公司和香港珠江客运有限公司联合组建的中港客运联营有限公司正式开业，同日中山—香港客运航线开通首航，珠江船务发展有限公司作为香港总代理。公司经营中山至香港水路旅客运输，为来往于中山和香港两地的人士公务、经商、探亲、旅游提供安全、快捷、舒适的交通服务。公司拥有"中山"、"逸仙湖"、"岐江"等五艘现代化豪华高速双体客轮，每天中山至香港往来 18 个单航次，客运高峰期可达 32 个单航次，单程航行时间为 1 小时 30 分。

"中山号"是珠江船务公司当时最新最先进的豪华客轮，其团队熟悉中山至香港航线的情况，拥有丰富的航行经验。能够接受这样光荣的任务，船员们的心情难以言表。他们来自孙中山的故乡，20 世纪初，孙中山先生经历了不懈的奋斗，终于推翻了中国最后一个封建王朝，一百年后的"中山号"担当香港回归重任，终于参与实现了孙中山先生的强国宿愿。

确定由"中山号"承担香港主权移交仪式的海上接送任务后，船员们并未被告知需要接送的是哪位领导，但从香港回归的盛事、将要行走的航线猜测，他们接送的可能是时任江泽民主席。大家内心兴奋之余，更加全面细致地投入到准备工作中。

"中山号"提前近一周驶入中资机构在香港开设的粤兴船厂，相关人员对客舱进行了重新布置及全面清洁。船厂派出最强的专业工程师对船只进行全面的机件检查，还专门安排了轮机和机电两名经验丰富的工程师随船工作。

在香港粤兴船厂完成专门的准备后，"中山号"又驶到香港水警总部基地，由香港水警进行专门的安全检查，香港水警还派出多名潜水蛙人到水下对船体进行全面的安检。

在"中山号"进行周密细致准备的同时，珠江船务属下的另一个豪华客轮"顺德号"，作为后备用船，亦做了相应的准备工作。

码头方面，港英当局在维多利亚港九龙海逸酒店边和香港会展中心分别搭建了临时专用码头，铺上了红地毡。

1997年6月30日晚，香港海事处封锁了维多利亚港的海面。晚上11时许，在多艘香港水警轮的护卫下，"中山号"安全准时将江泽民主席送抵香港国际会议中心临时码头。直至7月1日凌晨3时许移交仪式结束，"中山号"共完成了4个航班的往返。

"中山号"成为了见证香港回归的挂着五星红旗的唯一水上交通工具。

1997年香港主权移交前后，面对复杂的国际政治环境，"中山号"船长周带全和他的全船同事以高度的政治觉悟和高超的业务技术，出色圆满地完成了接送任务，得到党和国家领导人高度的认可，受到香港特区政府的一致好评。

此后，"中山号"又圆满完成多次重要的接送任务。

1998年7月香港回归祖国一周年纪念活动，"中山号"客轮再次光荣接送江泽民主席。在香港特区政府行政长官董建华先生的陪同下，江泽民主席乘船前往香港昂船洲军营，检阅了驻港部队。

1999年7月1日，香港回归祖国两周年，"中山号"客轮负责接送国家副主席胡锦涛和香港特区政府行政长官董建华，参加香港回归纪念碑的揭幕仪式。胡锦涛和董建华还兴致勃勃地走上"中山号"的二层甲板，共同欣赏维多利亚港两岸景色，观看青马大桥并视察迪士尼工地。

20年过去了，"中山号"客轮仍然往来于中山香港之间，说不定某一天，你也会坐上当年曾接送过时任江泽民、胡锦涛主席的"中山号"客轮。

"中山号"的传奇经历，是中港客运联营有限公司在中山与香港航运史上最为光辉的一页。回归20年来，中港客运联营有限公司取得了数不尽的荣誉，连续多年被交通部、省、市评为"文明窗口"。往返于两地之间的客轮，成为中山与香港之间的流动文明岗。中港客运联营有限公司并没有满足于已有的成就，不断推出新服务。完善服务功能，文明的追求没有止境。公司在全市各镇区设有48个电脑客票销售网点，并设有4条客车联运线，免费为旅客服务。中山港口岸还特设华侨、外籍人士签证业务，手续简便，服务周到。客人可以通过公司网站进行网上订票。

2001年8月18日，中港客运联营有限公司开通了中山往返香港的夜航航班，从此结束了中山至香港水路客运没有夜航的历史。口岸客运部门除了确保每天18个正常航班外，还在周五至周日的繁忙时段增加航班。

2004 年 12 月 10 日，中山往返香港国际机场的水上航班开通，旅客前往香港国际机场仅需 1 小时 10 分钟。在此之前，中山港只有直航香港中港城和港澳码头的航班，旅客到香港国际机场搭乘飞机，必须多花 4 个多小时转车或转船。如今，中山港到香港国际机场的水上航班只需 70 分钟，往来于香港国际机场和中山港口岸之间的旅客还免除了办理香港出、入境手续的麻烦。

常来往于中山与香港之间，购买过中山港至香港船票的旅客发现，过去用手工出票的各个售票点，现在已经实现了电脑联网售票，这是中港客运联营有限公司利用信息化改造传统产业的一项成果。

中山港口岸客流量不断增加，主要得益于中山经济的高速增长。中山与香港两地贸易往来日趋频繁，加上中山率先作为试点的个人香港游以及粤港经贸紧密合作关系的实施，使中山成为珠三角一个重要的交通枢纽，而中山口岸客运的日益便利也吸引了通关的人流。

随着中国大陆对外开放将进一步向广度和深度拓展，泛珠三角合作和 CEPA 协议的贯彻实施，中山建设既适宜创业又适宜居住的现代化文明城市，给中山港口岸和中山—香港客运的发展带来新的机遇。

参与接受香港防务的中山兵

1997 年 7 月 1 日，中国人民解放军驻港部队代表祖国履行收回香港的神圣使命。在肩负接收香港防务历史重任的驻港部队中，有两名来自中山市横栏镇的十九岁年轻军人，分别是梁建华和吴培全。

1996 年，两名横栏子弟参加了中国人民解放军空军，成为年轻的中国军人。适逢部队选调驻港部队战士，两名中山兵凭着过硬的身体和文化素质，成为光荣的驻港空军一员。

梁建华的父亲、时任横栏镇镇委书记梁梳九，曾是一名野战部队的炮兵，对部队有着深厚的感情。他当年送儿从军被传为佳话，儿子最终亦没有辜负父亲的期望，顺利走进军营，更成为一名光荣的驻港空军战士。同样被选拔入驻港空军的另一名中山子弟兵吴培全，则是横西一名农家子弟。这位年方十九的中山青年身高 1.88 米，学生时代曾当过足球和游泳运动员，身体素质堪称一流。吴培全的三伯父参加过抗美援朝，负过伤，

1997 年，中山籍驻港士兵梁建华在驻港部队军营留影。（萧亮忠翻拍）

立过三等功，保家卫国一直是这个家庭的传统。

为体现威武之师、文明之师风采，驻港部队进行了极为严格艰苦的训练。两名中山籍战士深深意识到自己身上肩负的重任和代表中山人民参与香港回归的光荣，不论学习、训练抑或工作，都很认真刻苦。驻港部队不仅进行严格的军政训练，还包括仪表、礼仪、法学及英语的学习，这种高强度的学习训练，对于出生在 20 世纪 80 年代富裕地区的年轻人来说，无疑是艰难的考验。两名中山籍战士不仅接受了考验，还数次获得部队公开表扬。

渡头村，回顾抗英第一壮举

鸦片战争期间，中国人民反抗英帝国主义者的侵略从不间断。中山渡头村的抗英事迹，谱写了一曲中山人的英雄颂歌。

香港回归前夕，《中山日报》记者来到渡头村，再一次聆听鸦片战争时期这里的村民抗击英国侵略者的动人故事。时年五十岁的村治保会成员雷西来被誉为渡头村的活档案，谈起先辈抗英史料，他如数家珍。

1841 年，即鸦片战争的第二年，清政府昏庸无能，林则徐苦心经营多年、有一定防御能力的南中国海防设施被卖国贼琦善拆除，水勇被解散，水师制兵也仅留下 1/3，炮台也被禁止放炮，英国侵略者得以在珠江口长驱直入。2 月 13 日，英军一艘火船从神湾磨刀门闯入香山县内河，他们先袭击湖州炮台，继而又从岐江渡头登岸，侵袭渡头村沙涌炮台。英军进村后到处烧杀抢劫，连村口神庙的神像头也被砍去。英军侵袭渡头村时，许多村民正在田间劳作，看到英国侵略者的强盗行径，义愤填膺。村民在雷兆成的率领下，抄起锄头扁担奋起反击。村民勇猛冲向英军，英军用火枪远距离射击，结果雷兆成、雷刘氏等 14 人壮烈牺牲。在越来越多村民的顽强抵抗下，英军逃窜。雷天规等五人身负重伤，仍奋勇追击，最后气力不支。据传英军船只进入岐江河后，因慌不择路在张溪口搁浅，后遇潮水上涨才得以走脱。渡头村民奋勇抗英的事迹发生在 1841 年 5 月三元里抗英和同年 10 月黑水党抗英之前，可以说是鸦片战争期间中国人民自发抗英的第一次壮举。

岐江河畔渡头村最早的渡口早已湮没了往日的踪迹，穿过村头几条小巷，在两栋青砖瓦房相隔的狭小空间，记者拍下了当年沙涌炮台留下的唯一一处遗址——一段由成排巨石砌成的墙角。在村里的一段开阔处，雷西来还与记者一起辨认当年侵略者入侵时经过的那座小石桥，以及小石桥后村口神庙的遗址。

置身渡头村，除了能读到近代史上悲壮的一页，更能目睹改革开放之后，村民用勤劳和智慧书写的辉煌篇章。在今天渡头村的领导班子中，还有一位当年英烈雷氏的后代，即现任渡头管理区主任雷文日。

面对先烈们留下的宝贵精神财富，渡头村人倍加珍惜，1993 年 3 月村党支部请来中山市一中的历史教师蔡致华为全村师生讲述先辈的光荣历史。近几年，学校老师们也一直把讲述这段历史作为向学生进行爱国主义教育的最重要一课。

执手看回归，思绪万千话当年

盼回归，执手相看喜泪涟。对于革命老人李斌、梁坚而言，香港回归盛典具有特殊意义。

他们是一对革命伴侣。李斌 1942 年参加革命，任抗日民主政府的白企乡乡长，同时又活跃在五桂山地区，与五桂山义勇大队珠江纵队一道与日伪周旋。日本投降后，组织上派遣他到凤凰山地区（今属珠海市）搞地下工作，1949 年解放时他已是粤赣湘边军区所属两广中队的一名虎将。梁坚 1943 年参加革命，一直在五桂山地区从事地下活动。1947 年她受组织派遣到香港学习护理知识，四个月后返回，为迎接解放做了大

原中山市人大常委会主任李斌

抗战老战士梁坚（女）、冯永合影（余兆宇摄）

量工作。这对在革命战争年代结下深情厚谊的夫妻，在新中国成立后又分别担任地方党的领导职务。虽然历经各次政治运动，但他们始终坚守信念，对革命充满热情，对党忠诚无比。

香港回归盛典前，76岁的李斌感慨万千地说："一百多年前香港为英帝国主义所侵占，中华同胞备受凌辱。那时因为我们落后，所以处处挨打受欺，任人宰割。今天香港回归，说明我们国家强大了，在国际上说话有分量，同时也说明邓小平的'一国两制'政策非常英明正确。"

74岁的梁坚也激动万分。她说："香港被英帝国主义强占一百多年，现在不发一枪一弹收回来，很不简单！"她谈了自己两次去香港的感受。第一次是1947年，由地下党秘密派遣，白天偷偷摸摸行动，晚上不敢出门，更不能与香港居民随便接触。当时英帝国主义对香港实行殖民统治，处处歧视华人，对中共地下党的活动更是疯狂打击，血腥镇压。第二次在20世纪80年代又去了一次香港，这次以中华人民共和国旅游者的身份，可以到处走到处看，与当地同乡会和中下层群众接触较多。她接收到这样一个信息：香港同胞对主权回归也感到扬眉吐气。两次赴港，境遇截然不同，这说明：背后有强大的中华人民共和国支撑，做人才有尊严。

李斌也曾于1979年代表政府到香港考察过。党的改革开放政策使他有了接触国际社会的机会，同时也加深了他对香港的了解。中山在市老干局举办的迎回归书画展上，李斌满怀激情地书写山歌一首——

小平同志设计好，香港回归人欢笑。
中华大地添光彩，洗清耻辱在今朝。

这首山歌，反映了李斌和梁坚的共同心声。

谭惠珠：亲历香港基本法起草的旅港中山人

2017 年 4 月 22 日，由北京大学主办，北京大学港澳研究中心和香港特区政府中央政策组联合承办的"讲述香港的故事——纪念香港回归祖国二十周年研讨会"在北京大学举行。香港经济的发展成为与会人士关注的重点议题。一位来自香港的女士认为"粤港澳大湾区的提出，给香港带来了新的机遇"，受到与会专家的一致认同。她是全国人大常委会香港基本法委员会委员、香港基本法起草委员会委员谭惠珠，也是唯一全程参与香港回归祖国的香港律师，亦是少数几位仍活跃在香港社会的基本法起草委员会委员，更是亲历香港基本法起草全过程的唯一一个中山籍人士。作为一名从始至终见证基本法起草、实施过程的香港资深律师，谭惠珠对香港回归有着自己独特的解读。

勤奋读书成大器

谭惠珠 1945 年 11 月出生于香港。祖籍广东中山小榄镇永宁西头村，父亲谭松是香港探长，曾任香港榄镇同乡会理事，1994 年离世。谭家有七兄弟姊妹，谭惠珠排行第六，她六岁入读香港西区官立小学，是班里的三甲学生。后被学校保送到香港圣保罗中学，这所学校的学生不少后来成了香港政商界的名人，如长实主席李嘉诚的儿子李泽钜及李泽楷、前终审法院首席法官李国能等。1963 年她在圣保罗中学毕业，本打算升入香港大学，这时大哥鼓励她到英国读法律，回香港做状师。这样她一可以投考律政署，二可以入大律师行，三可以自己挂牌开业。大哥的一番话勾起她童年的一个梦想：爸爸当探长时经常要上庭，被律师问到"脚仔软"，因此谭惠珠小时候就立志往英国读法律，获得大律师资格，令父亲自豪。1964 年，她申请到一笔助学金，到伦敦大学读法学，开始了艰苦的留学生活。

旅港中山乡贤、香港资深大律师谭惠珠

1974 年，获得伦敦大学法学院法学士学位的谭惠珠，回到香港成为一名执业大律师。工作之余，谭惠珠常利用自己的法律背景帮助民间福利服务机构解决法律上的问题。谭惠珠的敬业和热心受到了市民的尊敬和爱戴，她很快成为一位颇有名气的大律师。1979 年，富有辩论才华的谭惠珠被朋友推荐去参选市政局的议员。

20 世纪 70 年代的香港，经济急速发展，成为了举世瞩目的"亚洲四小龙"之一。但与此同时，社会贫富差距悬殊，社会公共设施不足，普通百姓只能去市政局有限的游泳池、图书馆等地方休息休闲，补充知识。谭惠珠决定竞选市政局议员，为普通民众争取社会福利。凭借出色的才能，谭惠珠首次参选就一举获胜。市政局议员生涯让谭惠珠有机会深入香港社会底层，仔细聆听到了香港普通百姓的心声，看到了香港最基层的状况。

1981 年，港督麦里浩委任谭惠珠为立法局（现立法会）议员。这时中英即将开始谈判香港回归问题，英国再也不能无视香港市民的声音和诉求。立法局是英国"以华治华"统治制度的一部分，里面的议员都是委任的。出身法律专业的谭惠珠重新回到自己的专业领域，更重要的是，立法局议员的工作让谭惠珠对香港政治特点有了进一步了解、对整个香港社会形态有了宏观的把握。

1982 年，港英当局设立区议会，谭惠珠被委任为区议会议员。

中英谈判的唯一民选议员

19 世纪，英帝国主义用炮舰外交迫使清政府先后签订了《南京条约》《北京条约》和《展拓香港界址专条》三个不平等条约，逼迫清政府将香港岛、九龙半岛割让给英国，并把九龙界限北至深圳河的大片土地以及附近 200 多个岛屿租借给英国，为期 99 年。弱国无外交，这是中华民族的耻辱。

新中国的成立使灾难深重的中华民族结束了长期受侵略、被压迫、遭凌辱的历史，中国历史迈进新的纪元，中国外交也揭开了新的篇章。建国前夕，毛泽东、周恩来等领导人客观地分析了国际、国内形势，在深入讨论如何对待英国占领下的香港、何时收回香港对新中国更为有利等问题后，作出了"暂不收回、维持现状"的决定。"暂不收回"并不意味新中国承认三个不平等条约或放弃香港，而是有更加深远的考虑。"维持现状"有利于新中国打破帝国主义的封锁，使香港成为新中国"同国外进行经济联系的基地"。周总理讲得很清楚：香港总有一天我们是要收回的。

20 世纪 60 年代，中国政府对港澳工作又明确提出了"长期打算，充分利用"的八字方针，即对香港的未来要作长期打算，在可以预见的将来，不采取足以改变香港现状的政策，同时要充分利用香港的特殊地位，为中国的社会主义建设和外交战略服务。香港成为新中国与外部世界联系、保持与西方世界对话的"桥梁"和"窗口"。

20 世纪 70 年代末，国内外形势发生了深刻变化。从国内来讲，中共十一届三中全会后，各个领域的改革开放不断深化，全国政局稳定、经济繁荣。从国际上讲，冷战格局开始打破，不同制度国家之间的矛盾大为缓和，和平与发展成为世界的主流。1980 年 1 月，邓小平提出了中国在 80 年代的三大任务，即加紧社会主义现代化建设，维护世界和平，实现祖国统一。

随着"九七"日益临近，对于外国投资者而言，如何处理新界租约是个十分现实的问题。英国出于保护其在港既得利益的考虑，是极不愿意把香港归还给中国的，并一心想通过某种方式延续对香港的统治。但面对一个强大的中国，英国没有其他选择。

1982 年 9 月 22 日，英国首相撒切尔夫人访华，拉开了中英关于香港问题谈判的序幕。9 月 24 日，邓小平会见撒切尔夫人。撒切尔夫人坚持"三个条约有效论"的立场，并断言由中国取代英国的管治，"香港就会崩溃"。针对这种论调，邓小平针锋相对地回答："关于主权问题，中国在这个问题上没有回旋余地。坦率地讲，主权问题不是一个可以讨论的问题。现在时机成熟了，应该明确肯定：1997 年中国将收回香港。就是说，中国要收回的不仅是新界，而且包括香港岛、九龙。"中国和英国就是在这个前提下来进行谈判，商讨解决香港问题的方针和办法。邓小平说："至于说一旦中国宣布 1997 年要收回香港，香港就可能发生波动，我的看法是小波动不可避免，如果中英两国抱着合作的态度来解决这个问题，就能避免大的波动。我还要告诉夫人，中国政府在做出这个决策的时候，各种可能都估计到了。我们还考虑了我们不愿意考虑的一个问题，就是如果在 15 年的过渡时期内香港发生了严重的波动，怎么办？那时，中国政府将被迫不得不对收回的时间和方式，另作考虑。如果说宣布要收回香港就会像夫人说的'带来灾难性的影响'，那我们要勇敢地面对这个灾难，做出决策。"邓小平还说："我们等待了 33 年，再加上 15 年，就是 48 年，我们是在人民充分信赖的基础上才能如此长期等待的。如果 15 年后还不收回，人民就没有理由信任我们，任何中国政府都应该下野，自动退出政治舞台，没有别的选择。"邓小平铿锵有力的表态，迫使英国不得不在中方建议的基础上同中方就香港问题进行谈判。

1983 年，中英双方就《中英关于香港问题联合声明》进行谈判。港督麦里浩委任谭惠珠进入到行政局，她是参与到《中英关于香港问题联合声明》谈判中的唯一民选议员。

1983 年 5 月底，中英双方就谈判的程序问题及三项议程达成协议。一、为维持 1997 年后香港的稳定和繁荣做出安排；二、为香港由现在起到 1997 年做出安排；三、为有关政权交接事宜做出安排。

进入第二阶段谈判后，英方最初坚持"主权和治权分离"的立场，即"在承认中国对香港的主权的原则下，由英国大体上像过去那样管治香港"。而中方则坚持主权和治权不可分割的立场，所谓"主权属中、治权属英"，实质上是否定了中国的主权，以一项新的不平等条约来代替旧的不平等条约，是中国人民绝对不能接受的。前三轮谈判没有取得任何进展，第四轮谈判也不欢而散。

因为中英谈判没有任何进展，前景不明，香港人心浮动，港元汇率及股市急速下滑。英国政府与港英当局不仅不采取措施稳定局面，反而推波助澜，借机大打"经济牌"，向中国施加压力。这就是所谓的"九月风暴"。香港各界人士及舆论界对英国企图以"经济牌"压中国让步的做法提出强烈批评，市民举行集会示威，要求港英当局尽快采取措施稳定局势。眼见"经济牌"再打下去就会搬起石头砸自己的脚，10月15日港英当局宣布实行与美元挂钩的联系汇率，同时取消港元的存款利息税。英方打出的"经济牌"以失败而告终。

1983年10月14日，撒切尔夫人致函中国领导人，表示双方可以在中方建议的基础上探讨香港的持久性安排。英方不再坚持"以主权换治权"的立场，谈判有所进展。但是撒切尔夫人又想在1997年以后让英国人在香港的行政管理中继续发挥作用，譬如保留一名英国总督，并称这是保持香港繁荣必不可少的。中方严词拒绝了这个主张。最后撒切尔夫人不得不让步。

1983年12月至1984年4月，中英双方共举行了6轮（第7轮至第12轮）谈判，主要议题是1997年以后的安排以及过渡期的有关问题。5月至9月，双方又接连举行10轮（第13轮至第22轮）谈判，主要议题是讨论1997年前过渡期的安排和政权交接事宜，并商定最后文件内容。这些问题的商谈也并非一帆风顺。例如中方建议特区政府官员由当地人组成，实行"港人治港"，英籍和外籍人士可担任顾问或政府部门中最高至副司级的职务，但是英方则提出外籍人士可以担任公务员系统中最高级的官员，企图使英国人在未来特区政府中担任举足轻重的角色。又如中方主张香港特区的防务由中央人民政府负责，中央人民政府有权在港驻军，而英方则一再提出香港无需派驻军队。英方的这些主张直接违背了中国主权的原则，理所当然地为中方所拒绝。双方后来还在是否成立中英联合联络小组的问题上发生过争执。

经过中英双方激烈较量，历时两年之久的香港问题谈判终于达成协议。1984 年 9 月 26 日，中英关于香港问题的联合声明由两国代表团团长周南和伊文思草签。1984 年 12 月 19 日，中英联合声明正式签字仪式在北京人民大会堂隆重举行，由百余人组成的香港各界人士观礼团应邀出席，中英两国政府首脑分别代表本国政府在联合声明上郑重签下自己的名字。中英联合声明向全世界宣告：中国政府将于 1997 年 7 月 1 日对香港恢复行使主权，英国将在同日把香港交还中国。

中英联合声明签署后，在漫长的 13 年过渡期内，中英双方为落实联合声明、履行彼此的承诺，还在众多领域进行了艰苦的外交谈判。除政制问题外，中英双方的谈判最终取得了积极成果，保证了香港的顺利回归。

在当时的谈判桌上，由于谭惠珠的市政局背景，她是唯一的民选议员，也是行政局最年轻的议员。因为对香港民情与市政都十分了解，在谈判的过程中，谭惠珠从香港人的角度给出了中肯的意见。参加联合声明的讨论，谭惠珠开始了两个国家间政治核心的斡旋。

"一方面我知道港英政策的核心在什么地方，另一方面也清楚基本法的起草过程和讨论、争议的核心在于什么位置。"
谭惠珠知道,自己的任务就是沟通中英双方,"虽然有争议,
有抗争,但也希望有一个沟通。"不论是作为律师打官司,还
是参与联合声明的谈判,"和谐"与"双赢"都是谭惠珠不变
的理念。谭惠珠由此集立法局、行政局、市政局和区议会议员
于一身,是香港唯一的"四料议员"。也许当时连谭惠珠自己
都没有想到,这些不同领域、不同门类的经历,在以后的日子
里为她的生命履历书写了怎样的精彩。

参与基本法起草全过程

1985 年,在中国政府的委任下,谭惠珠进入《香港特别
行政区基本法》起草委员会,从此,她的政治生命就与基本法、
与祖国连在了一起。

"能够为香港回归祖国作出一点贡献,这是我莫大的荣
耀。"在基本法起草委员会里,谭惠珠同时属于中央与地方关
系委员会和政治体制小组两个小组,主要工作是处理法律与政
治的问题,解释香港当时的政治、经济和社会结构,同时听中
方委员解释"一国两制"、中央跟地方关系、特区的含义,并
将之与香港方面沟通。"从一开始有很多争议,到一次次的咨
询和调研,可以说基本法中的每一个条文、每一个字眼,甚至
每一个标点符号,都是经过反复讨论,最终敲定下来的。"回
忆起草过程,谭惠珠记忆犹新。

虽然满怀热情,但与其他香港人一样,谭惠珠对内地的基
本情况也不十分了解。参与起草基本法之初,谭惠珠知道"一

国两制"的内容，但不明白"一国两制"的真正意义，不能理解一国两制的内涵。为此，谭惠珠花费了相当长的时间，通过各种渠道了解内地政府架构。在基本法起草的整个过程中，谭惠珠奔波于香港和内地之间。她每个月有五天在北京，与中央政府的基本法起草委员会相关人员广泛接触、相互沟通——深入了解联合声明中有关"一国两制"的内容，以便很好地对香港方面解释；利用自己的法律背景，化解大陆法系和普通法系的冲突；在对香港社会了解的基础上，思考对港人宣传基本法的有效途径。最后在香港立法机关过渡形式的确立问题上，谭惠珠坚持赞成"直通车"，即香港最后一任立法局的构成与香港特别行政区第一任立法会相衔接，平稳过渡。当时几乎所有人都对此持反对态度，只有谭惠珠始终坚信，"我爱我的国家，我希望得到'双赢'的结果，看到香港能有一个平稳的过渡"。香港最终没有辜负谭惠珠的选择，得以平稳过渡。

谭惠珠不仅在原则问题上顾全大局，更善于从细节处进行思考，将香港基本法真正融入到香港社会生活和未来的发展中去考虑，并把这些思考与中央进行沟通，落实到基本法条文当中。这对香港基本法的起草、推广以及香港最终能够平稳过渡起到了相当重要的作用。

香港居民的国籍问题十分复杂，港英统治时期对居民国籍所属曾有过数次变更，很多香港居民同时持有多国国籍。而中华人民共和国全国人民代表大会1980年9月通过的《中华人民共和国国籍法》中，明确说明"定居外国的中国公民，自愿加入或取得外国国籍的，即自动丧失中国国籍"。并重申中国公民不能拥有双重国籍，采用父母双系血统结合出生地的国籍原则，对国籍的取得、丧失和恢复，采用了自愿申请与审批相结合的原则。根据上述法例，香港回归时香港居民绝大部分为中国籍，同时不允许再持有他国国籍。

但是，香港历史上的特殊发展过程使香港居民像城市游牧民族，他们善于寻求各国、各地区的商机以求得更好的发展。为此，谭惠珠在充分了解事实和港人民意的基础上，向中央政府提出了中肯建议。"现在，多国护照已经成了香港的社会特色，在香港的发展进程中占有难以替代的位置。如果不允许香港人拿外国护照，那么对于香港人的家庭网络、生意等影响都很大。香港居民的国籍问题是基本法起草过程中不可回避的大问题。"

最后，中央政府专门为全香港人出台了"对《中华人民共和国国籍法》在香港特别行政区实施的几个问题"的解释，即"只要居民不去香港入境事务处宣称自己已经拿到外国公民身份，其国籍仍为中国公民，所持的其他国家护照只作为旅游证件"。在香港，口袋里有几个护照的人很多，这种在内地绝不可能出现的情形符合了香港的实际情况和历史。谭惠珠对此感到十分欣慰："第一，他们安心，与家人的联系很方便；其次，他们与生意伙伴等所有的联系网络无需变更，出入自由。类似的情况还有，比如在香港的终审庭里，允许有外国法官。这些细节体现了中央对香港社会方方面面的关照，对于香港的持续发展是很重要的。"

目前，香港中国籍居民大致分三种：出生于香港已成为永久性居民、移民来港、居住未满七年的非永久性居民；出生于香港持有英国属公民护照、英国国民（海外）护照者；永久居民中持一个以上的外国旅游证件者。

除此之外，很多来自内地的委员对香港的关注，也感动着谭惠珠。内地经济学家勇龙桂是经济事务小组的召集人，他坚持在基本法里增加一条联合声明中没有的条款：保持香港低税率，力求收支平衡。这一条最初没有被通过。在第一稿通过的那天晚上，大家都已经回到房间了，只有勇龙桂独自坐在投票大厅里，闷闷不乐。他事后对谭惠珠说，不写进去对香港将来的影响很大。最后，在大家的努力下，这一条终于被写进了基本法。

对于现在香港争执较大的行政长官普选问题，谭惠珠说最初讨论时，行政长官选举办法有 40 到 50 种方案。1985 年，为收集香港各界对基本法的意见，香港基本法咨询委员会在香港成立，共委任 180 名成员，并在 1988 年 4 月及 1989 年 2 月举行两次公众咨询，广泛听取市民对基本法草案的意见。

她表示，行政长官选举办法在基本法中的表述，是充分考虑对香港发展最有利的原则后制定的。比如大家都赞成香港不要民粹主义，不要两党对立的政党政治。要选出认受性高的行政长官，就要兼顾各界利益。

"提名委员会的方式，实际上是由香港委员最初提出来的。老实说，不是由于内地草委的支持投票，我们香港没有普选，"谭惠珠说。

她强调，香港普选不在中英联合声明的条文中，不是英国人给的，也不是《公民权利和政治权利国际公约》给的。因为英国签署该公约时，排除了 25 条第二款，也就是说香港不能普选。行政长官和立法会议员最终实现普选，是基本法的赋予，是中央政府的赋予。

"可以想象内地的委员能够实事求是地替香港考虑。我很理解个中辛苦。"在基本法起草过程中，满怀爱国之情的谭惠珠与很多内地委员结下了深厚的友谊。

精通中英文、深厚的法律背景，让谭惠珠得以同时被中英双方委以重任；善于倾听、熟悉香港，让她在祖国和香港之间搭起了良好的沟通桥梁；爱国和责任又让她在这条路上越走越远、义无反顾。

"我是中国人，我不愿意离开香港。起初我不明白一国两制的含义，但是参与整个过程之后，我觉得我比很多人都明白。基本法和一国两制在香港正在逐步地推广，我希望可以继续为此贡献，看到中国和平统一，国家昌盛富强。"怀着对祖国无比热忱的信念，谭惠珠又接连成为全国政协、香港临时立法会、筹备委员会的议员，并成为香港基本法委员会委员，她甚至请辞了在香港司法、行政、立法领域里的所有工作。

1987 年 4 月 16 日，谭惠珠作为基本法起草委员，第二次见到邓小平，亲自聆听他的讲话。多年后她还能清楚回忆一些细节："小平先生说，到 20 世纪末，中国人均国民生产总值将达到 800—1000 美元，那时候我们叫小康社会。更重要的是，有了这个基础，再过 50 年，再翻两番，中国就是个中等发达的国家了。国家力量不同了，人民生活也好了。我回想起小平先生的话，发现他所说的已经基本实现了，有的正在变成现实。小平还指出，香港不能完全西化，照搬西方的一套。现在如果完全照搬，搞英美的议会制度，并以此来判断是否民主，恐怕不适宜。对香港来说，普选不一定就能选出爱国爱港的人。小平先生当年这样说，至今仍有指导意义。香港不能照搬西方的政制，而是要坚持行政主导的精神，根据基本法走出一条循序渐进的发展民主的路子来。邓小平还说，1997 年之后，香港有人骂共产党，骂中国，我们还是允许他骂，但如果变成行动，要把香港变成一个反对大陆的基地是不行的。这段话在今天也有很大的意义。"

邓小平的讲话对谭惠珠影响很大，1996 年即香港回归前夕，她放弃了英国公民护照，选择当一个香港公民。

这段经历弥足珍贵，谭惠珠至今还珍藏着当年参加基本法起草委员会时的笔记本。翻开厚厚的记录，上面写满了讨论细节，比如关于香港驻军章节，谁来出资、谁来提供场地、驻军的职责范围等。

推动基本法实施的践行

到 2017 年 7 月 1 日，《香港特别行政区基本法》实施 20 年整，在香港回归之后，谭惠珠也为推动这部凝聚了自己心血的基本法的实施而整整进行了 20 年的努力。

"一国两制是一个新的东西，全世界历史上没有人做过这件事情。起初，香港人对于了解基本法，和作为一个中国公民将有怎样的权利和义务总是说不清楚，所以一开始对基本法的解释权产生了很大的争议。作为一部法律，这是实行过程中的正常现象，因此需要执法的人去掌握和推广。"参与起草基本法之后，作为为数不多深入了解基本法的香港委员，谭惠珠没有因为基本法的确立而功成告退，而是在担任商业投资管理职务之外，投身到推动基本法实施的义务工作中。在帮助香港市民接受基本法的过程中，谭惠珠积极宣讲，参加讨论，全方位地在媒体上针对敏感的问题阐述前因后果和立法原因。

在基本法实行后，还有很多司法差异显现出来。为了帮助香港市民尽快了解基本法，谭惠珠与王叔文特地编写了《香港特别行政区基本法导论》，把讨论和有争议的原因，以及最后的决定原汁原味地写出来。此外，谭惠珠还在香港基本法推广和督导委员会里任委员。从 2006 年 9 月起，她又成为基本法信息小组的召集人，组织了一批在香港相当有资历的律师和大律师，在高校里演讲，谈中央和地方关系、"高度自治"的含义等。

香港是一个普通法系的地区，法律都由法官解释而非由立法会解释。而大陆是大陆法系，作为立法者的全国人大常委会拥有最终解释权。不但普通香港人不明白，香港很多律师也只能通过对大陆法系的了解来解释基本法，因此在推行过程中产生了很多偏差。虽然这些偏差体现在法律推行的细枝末节，但是却实实在在地影响到香港的生活与稳定。谭惠珠的工作就是消除这些差异。

在基本法实施的 20 年来，谭惠珠把更多的精力投入到普及基本法的工作中，并向社会公众做了很多工作。例如，《香港特别行政区基本法》第 23 条规定：香港特别行政区应自行立法禁止任何叛国、分裂国家、煽动叛乱、颠覆中央人民政府及窃取国家机密的行为，禁止外国的政治性组织或团体在香港特别行政区进行政治活动，禁止香港特别行政区的政治性组织或团体与外国的政治性组织或团体建立联系。这一条，关系到中央与香港特区之间的关系，在制定之初就比较敏感，有人担心这样会变成引入内地法律，在很长一段时间里争论得沸沸扬扬。谭惠珠指出，在基本法生效时，已杜绝了这种情况的发生，香港不会引入内地法律，因为两者法律模式完全不同。

而另一些别有用心的人则直接指这一条为"井水犯河水"。谭惠珠在不同场合不止一次反驳道："本来保障国家安全的法律是应由全国人大来完成的，但中央政府特别将这一权力委予香港特区政府。有史以来，从来没有一个国家会让一个地区的立法机关有权为保护全国的法律立法，因此香港立法会应视此为光荣任务，而不是枷锁！"

"根据香港的法律，人权与自由仍要与公共利益和公共秩序取得平衡，依据《基本法》第 23 条，立法是香港的责任，如果港人把精力白白浪费在政治争议上，对香港的发展绝无好处。"

"先有民族，才有民主；先有国家，才有香港特别行政区的产生。"

作为一个香港人，在谭惠珠眼里，基本法保持了香港的安定繁荣，也帮助了祖国继续改革开放，统一和平。

2017 年 3 月 6 日，参加全国人大会议期间，谭惠珠在北

2007 年 6 月 21 日，谭惠珠（前中）与中山市侨务局调研员卢艳红（前右）及采访组成员合影

京表示，香港今天的成绩是"一国两制"优势的体现；"两制"不能冲击"一国"，"一国"是"两制"的前提。

谭惠珠说，香港经济在过去几年温和增长，今年的财政储备有 9000 多亿港元。在美国传统基金会公布的 2017 年度《全球经济自由度指数》报告中，香港连续 23 年蝉联榜首。香港今天所取得的成绩，完全是"一国两制"制度优势的体现。

她指出，近年来，香港出现"港独"分离主义是有意将"一国"与"两制"对立，背离了"一国两制"。内地与香港只是社会制度、生活方式不同，"两制"不能否定或冲击"一国"，"一国"是"两制"的前提，这是必须坚守的底线。

"香港的生命力在于经济发展，这是金科玉律。"谭惠珠称，当今世界正面临人工智能和互联网科技革命，新的行业和经营模式不断出现。香港要走在时代前列，就一定要进行产业升级换代，利用好国家"十三五"规划和"一带一路"建设，加强与内地市场融合，发挥香港所长、服务国家所需、壮大经济实力。"事实会证明，疏离祖国的行为没有前途。"

这位为香港回归呕心沥血的历史参与者，仍在为香港的繁荣和稳定殚精竭虑。

李东海：为香港前途挺身而出

1997年"七一"回归庆典后，香港特别行政区行政长官董建华亲自上门向为筹建特别行政区政府作出卓越贡献者致谢。他拜访的第一个人是著名实业家李东海。

2006年7月1日，在香港回归祖国和香港特别行政区成立九周年纪念日，香港特区政府公布了香港回归以来第九份授勋名单。名单上，全国政协副主席、前香港特区行政长官董建华等277人在列。而最让中山人感到欣喜的是，香港友好协进会主席李东海继1999年获香港特区政府颁发金紫荆勋章后再获颁代表特区最高荣誉的大紫荆勋章，他是中山籍旅港同胞获此殊荣第一人。李东海实至名归，因为他不仅为香港繁荣安定作出巨大贡献，而且在香港回归的重要关头挺身而出，表达了香港市民回归祖国的心声。

从中山走出来的港意贸易之王

李东海，中山人，1922年出生于中山市南朗镇岐山村，中山市荣誉市民，香港大紫荆勋章太平绅士。

1949 年，李东海从广州举家迁居香港这个陌生的城市。

到港三年后，凭借着敏锐的商业嗅觉和初生牛犊不怕虎的干劲，李东海创建了专营电器贸易的东泰贸易公司，吹响了在商场一展拳脚的号角。

李东海当时的成功并不被人放在眼里，因为他的岳父陈知

2006 年 7 月 1 日，旅港中山乡亲李东海（右）获香港特区政府颁发大紫荆勋章。

新是港粤沪华美电器行的老板，谁知道这个年轻人吃的是不是"拖鞋饭（吃软饭）"呢？其实李东海专攻无线电专业，对电器业的发展有着深刻的了解和认识。很快，东泰贸易公司代理的意大利雪白牌冰箱在20世纪六七十年代成为全港最畅销的冰箱之一。

东泰贸易公司的出入口贸易是独资经营，以电器入口及冻虾出口为主要业务，李东海对电器业有着深刻的认识，但冻品出口方面却是个门外汉。为了更好地把公司发展起来，他边做边学。到1962年，用他自己的话说，"把自己的公司弄得小有名堂"。

十年的艰苦创业，李东海凭借自己冷静的头脑、过人的胆识和艰难的求索，闯出了一条"香港—意大利—日本"三角贸易之路。这条三角贸易之路，就像一条纽带，将三地的距离迅速拉近，并成为促进港意两地文化融合的重要角色。李东海不仅大大促进了方兴未艾的港意贸易，更建立了香港意大利文化协会，开办语言学习班，资助香港学子到意大利留学，为意大利的自然灾害筹款等，架起了港意两地文化交流的桥梁。

付出总会收到回报，远在地中海畔的意大利，李东海声誉鹊起。1966年他获意大利总统颁授意大利骑士勋衔，1969年获授意大利长官勋衔。1972年获授意大利司令勋衔，1976年获授意大利大长官勋衔。1988年12月7日，意大利总统委派驻港总领事馆向李东海颁授意大利最高勋衔——大十字爵士，他成为大中华地区第一位获得该国最高殊荣的华人。李东海更被誉为"港意贸易的先驱"和"港意贸易之王"。

　　鲜花、奖杯、订单如雪花般纷纷向李东海涌来，东泰集团身价大增。20 世纪 70 年代，东泰贸易公司成为香港上市公司，他也因此抓住证券投资的大好机遇，跻身证券市场，成立了东泰投资、东泰证券公司以及东泰财务公司，向客户提供各种投资方面的财务协助服务。

从打工仔到商业奇才

　　在李东海的事业发展过程中，香港经济也曾几度风云变幻，而他之所以能做到有惊无险，除了数十年如一日的勤勉外，独到的眼光和对自己决策的自信也至关重要。

　　李东海在商界以变幻莫测的商业运作手法出名。时至今日，他的很多商业运作手法之惊险，仍然让很多人倒捏一把冷汗。

　　1973 年，他以四倍于原价的价钱将旗下的东泰贸易公司抛售。十年后，他瞄准时机再把公司买回来。他认为，这一买一卖之间的交易，与买卖股票有异曲同工之妙。之所以卖出东泰贸易公司，一是因为买方出的价钱十分理想，并且当时股市已从最高峰开始下泻，形势相当艰险，故而出售可获得可观的收益。再买回东泰贸易公司的原因也很简单，首先当然是因为十年过后东泰的潜质及声誉依然良好，再加上他认为香港的发展前途并不像旁人预测的那样渺茫难知。他这番自信正是他成功的制胜法宝。

　　他在证券市场把的商业才华表现得淋漓尽致。后来还曾任海外信托银行董事、香港华人银行董事、大和海外财务有限公司董事长等。

李东海凭借着独特的经营理念，逐步打开了属于自己的经营渠道，事业蓬勃发展。几十年的风风雨雨、酸甜苦辣，李东海坚强地走了下来，并取得了丰硕的成果。说起这些的时候，尽管李东海只有轻描淡写的几句话，却把他在商海里搏击的动人故事淋漓尽致地描绘出来，让人难以忘怀。

就这样，经过千锤百炼，李东海由一名普通的打工仔，变成业内声誉日隆的商界巨子。

重要关头发出回归呐喊

李东海身兼多间公司主席及上市公司董事，生意的繁忙、时间的宝贵不难想象，但即使再忙再累，也没有忘记自己是一个中国人，有责任和义务为祖国、为社会服务。

1964年起，李东海开始在工作之余投身青少年服务。他对香港童军总会制定重要政策、密切与各阶层联系、筹集活动经费等贡献良多。1970年是香港历史最悠久、规模最庞大的慈善机构——东华三院成立一百周年，年仅48岁的李东海被推举出任董事局主席。任内，他策划了多个重大庆典，完成多项工程建设，编订了东华三院百年史略，提出了长远发展的思路，为东华三院进入新世纪奠定了坚实的基础。1998年，东华三院于香港天水围兴建了李东海小学，以纪念李东海对东华三院作出的巨大贡献。

"每一位热爱香港的中国人，都应自觉为香港作出贡献。"李东海常说，检验一个企业家是否热爱香港，不能仅看他资产

2005 年，在中山市扶困助学基金捐赠仪式上，李东海向中山市委副书记彭建文转交捐赠一百万元的支票。

的多少，更要看他给予社会多少。

在香港站稳了脚跟的李东海没有忘记自己中国人的身份，随着 1997 年 7 月 1 日的逐步临近，他也开始频繁地来往于香港与内地之间。

为了促进 1997 年前香港过渡期的繁荣安定，推广宣传基本法及支持落实一国两制的措施，1989 年，李东海联合香港地区的全国政协委员，发起成立了"香港友好协进会"，以团结爱护香港之人士，推广与中外各地的经济文化交流，促进香港的繁荣稳定。该会成立后，做了很多实实在在的工作。如1993 年编撰发行《基本法一百问》，第一版三万册售完后又再版发行；与中央电视台联合摄制 15 集《基本法与香港》，用中英文播送到世界各地；1997 年香港回归后，中央电视台"心连心"艺术团的第一次赴港演出，也是由该会赞助协办的。该会还经常邀请内地知名人士到港演讲交流，并与香港《文汇报》联合举办了多次"香港特区区情讲座"培训班，使国务院、各省市有关部门的负责人了解一国两制在香港的实施情况。如今，该会会员人数已由 40 多人发展至 200 多人。

1992 年 10 月，到任不久的港督彭定康，强行推出了严重违反中英联合声明和基本法的所谓《政改方案》，即著名的"直通车"方案，挑起了中英双方对于有关香港民主选举办法的争执，严重干扰了香港的平稳过渡。危急之际，李东海一改平时低调严谨的作风，联合香港 21 位太平绅士，签署了一份给立法局议员的公开声明。声明摘录了报刊中多位对香港有深切认识的英国官员，包括英国议员兼任国会中国事务小组主席艾德礼、英国前驻华大使及前首相外交政策顾问科利达爵士、前任港督麦理浩勋爵及卫奕信勋爵等人否定港督彭定康提出的政改方案的言论，呼吁考虑香港的历史和现实情况，珍惜来之不易的中英合作良好局面，以贯彻中英联合声明和基本法，保持香港平稳过渡和长期繁荣稳定为要，否定彭定康"三违反"的《政改方案》。声明指出："任何政制改革建议，应由中英政府双方取得共识后，才付诸立法局实施，才符合香港利益，切合实际情况。"声明的发表，无疑如同一声春雷，吓退了不少想浑水摸鱼的邪恶势力。这无疑也是香港过渡史上最为精彩的篇章之一。

很多评论家指出，太平绅士是由香港总督委任的，但在香港前途处于关键时刻的紧急关头，能发表联署公开声明，对这个事件作出理性的呼吁，表达了李东海对历史的负责和担当，这对香港市民了解整个事件的真实情况，以及对香港前途可能带来的重要影响，是非常重要之举措。

字字斟酌保留历史

不仅如此，为了让内地和香港的民众更好地了解香港的历史，从而对香港产生归属感、自豪感，李东海亲笔编写了好几部史料书稿，其中包括《东华三院 125 年史略》《香港太平绅士》《香港跑马史缤纷录》。旁人都难以相信这位事务繁忙的商界大亨居然愿意逐字逐句地查找史料，还原当时的历史。除了部分资料的收集是请助手协助外，几乎所有的稿件都由李东海一字一句斟酌过。

2007 年香港回归十周年之际，李东海（右）热情接待了中山采访团的记者。（余兆宇摄）

　　与其他乏人问津的历史书籍不同，这些厚厚的图书一经上市便迅速被市民抢购，不少内地读者还托在香港的亲朋好友采购。这正是李东海想要看到的结果。

　　这些旁人觉得不可思议的事情，李东海却显得很淡然。

　　"作为全国政协的常委、全国政协文史委的副主任、政协文史委香港组的负责人，我有责任、有义务让香港的史料留存下来，也有兴趣、有信心让全国人民都真实地了解香港的历史、现状和将来。"

　　"我觉得编写历史是很有意义的事情。比方说我写的《香港跑马史缤纷录》，虽然香港跑马的历史已经有一百多年了，但是香港赛马会没有出版完整的史记。邓小平先生曾经说过，香港回归后，舞照跳、马照跑。跑马在某种意义上成了香港的代表，那跑马是怎么来的，为什么要马照跑啊？连这个都说不清楚，怎么行啊？许多内地的朋友也想知道是怎么回事，我就把它写出来了。"

　　一直以来，李东海致力于香港的和平事业，业绩卓著，得到中央政府和社会各界的肯定。1988年，他被推选为第七届全国政协委员。1993年、1998年，又分别当选为第八届、九届全国政协常委，1995年被国务院和新华社香港分社聘为港事顾问，其后又被全国人大常委会委任为"筹委会"委员和被选为"推委会"委员，直接参加了特区政府的筹建工作。继1999年获颁金紫荆勋章后，李东海于2006年再次获颁代表香港特区政府最高荣誉的大紫荆勋章太平绅士——得此勋衔者需为在各领域对香港地区有举足轻重影响力，并为香港地区作出过杰出贡献的社会知名人士——这也说明特区政府对李东海一直以来工作的肯定与支持。

"我要从我自己做起，从发动身边的人做起，大家动手，把香港的历史留下来，还要让包括内地在内的更多的人了解香港，以无愧历史，无愧政协委员的工作。"

"我爱我的家乡！"

虽然身处香港，但李东海从来没有忘记过自己中山人的身份。他认为自己不仅是一个中国人，更是一个中山人。

他认为香港犹如一件精致的玉器，经过数十载的精雕细琢，才有今日之成就。它未来能否保持繁荣，与祖国大陆密不可分，香港和内地日益加强的合作关系，是惠泽两地的事业。

李东海捐助的李东海理工学校位于中山市南朗镇

中山毗邻港澳，又处祖国改革开放的"潮头"，有两地合作的
"地缘"优势，充分发挥这一优势，不可低估中山的发展。多
年来，李东海多次率领香港友好协进会的会员和香港其他知名
人士返回家乡参观考察。面对改革开放给家乡带来的巨大变化，
李东海感到无比自豪："青年时代的故乡，要行路到左步头搭
小船回家，交通非常不便。现在交道四通八达，可乘车直接抵
达家门口，变化真大。"

　　教育一直是李东海最为关注的公益事业，他认为"少年强，
则中国强"，一个地区要长足发展，必须倾力发展教育，提高
国民素质。早在1981年，李东海就率先在家乡捐巨资兴建了
"李东海小学"和"李东海理工学校"与"李东海幼儿园"，
是中山最早捐资兴建学校的香港同胞之一。1995年，他又向
家乡捐资250万港元，在南朗李东海理工学校兴建大会堂，并
承蒙当时的全国政协副主席叶选平为学校题名。1999年起，
他还在该校设立奖教奖学基金，每年奖励那些成绩优异的师生。
1999年10月15日，他从香港回乡，再向南朗李东海理工学
校捐赠50万元，兴建图书馆。香港回归祖国不久，李东海专
程派员从香港定做了一幅巨幅香港回归图送到该校，还送来一
批图书等，倾注了对该校的一片真诚。当他了解到中山市这些
年来在教育事业上的建树并提出"教育强市"的口号时，非常
高兴，认为这是有远见之举。

　　十年树木，百年树人。一直以来，以家乡的教育事业为己
任的李东海，在寻找一种对教育事业永久性支持的根本办法。
2002年，听了国家领导人在庆祝北京师范大学建校一百周年

大会上的重要讲话后，李东海向中山市有关部门倡议成立中山市"教育创新奖励基金"，并率先捐资人民币100万元。基金奖励对象包括：对教育创新作出积极探索并有显著成效的教育系统干部、教师、学校；对推动教育创新产生全局性重大影响的政府和教育行政部门；关注和支持教育创新，积极为教育创新出谋献策并对政府和教育行政部门产生重大决策影响的社会团体、民主党派和各界人士。李东海浓浓的故土情，激发了广大海内外乡亲的爱国爱乡情。

作为社会名流，李东海身上有着各式各样耀眼的光环，但在他的心中，他永远是依偎在祖国母亲怀里的孩子。无论社会活动多忙，对于家乡的要求他总是尽心尽力，认为家乡的事就是自己的事，家乡的要求他定当有求必应。

他常常动情地说："我爱我的祖国，我爱我的家乡，我以自己身为中山人而自豪！"

港商打开沙溪服装致富大门

2000 年，首届中国休闲服装博览会在中山市沙溪镇拉开帷幕，中国服装产业第一次隆重地提出了"休闲服装"的概念。很快，中国休闲服装博览会就以其权威性、专业性、时尚性和商贸性的鲜明特色被评为全国十佳服装展会和最具行业影响力专业展会。

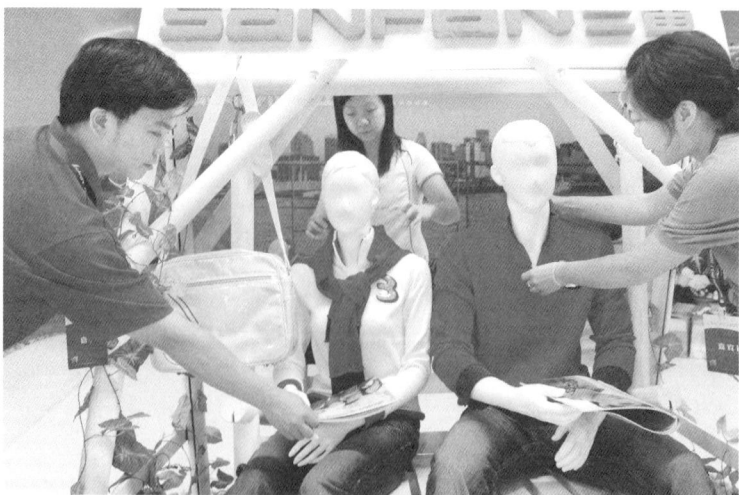

2007 年，第八届中国休闲服装博览会参展商布展。（吴飞雄摄）

第八届中国休闲服装博览会（黎旭升摄）

2002 年 10 月，沙溪镇被中国纺织工业协会、中国服装协会联合授予"中国休闲服装名镇"称号。

短短三十多年的时间，沙溪这个靠天吃饭的农业乡镇成为珠三角整体经济格局中重要的一部分，形成了一套完整的产业链，产生了 70 多个在国内有较高知名度的休闲服装品牌，吸引了国内外一批著名的休闲服装品牌企业，汇集了一批著名服装设计师，对周边地区及休闲服装界不断产生影响，左右中国乃至世界休闲服装发展方向。或许很少人知道，这一切都起源于当年香港同胞杨玉维创办的第一家制衣厂。

30 台衣车办起第一家制衣厂

1978 年底党的十一届三中全会召开，国家实行改革开放，神州大地的工作重心已经从过去抓阶级斗争转移到社会主义现

2008 年，第九届中国休闲服装博览会时尚主
题晚会（萧亮忠摄）

代化建设上来。中山县政府迅速落实华侨政策，尤其是落实侨
房政策，使得旅居海外及港澳的 60 万中山籍同胞又焕发出爱
国爱乡的热情。

1979 年春节，在家乡落实侨务政策的大环境下，杨玉维、
杨棣增、杨文立、杨文鸿等几十名香港乡亲组团回到当时的中
山县沙溪镇申明亭村省亲。多年离乡的游子归家，申明亭村的
一草一木都如在昨日，虽已离乡几十年，但家乡的面貌并没有
多大的变化，这让香港乡亲心里不是滋味。

申明亭村是沙溪镇的一个行政村，是著名侨乡。改革开放前，申明亭村只有稻田705亩，以生产稻谷、塘鱼和蔬菜为主，生产落后，村民收入少，生活水平较低。1979年，申明亭村全村无电无自来水，道路不通，长期处于贫穷落后的状态。

目睹家乡落后面貌，香港乡亲坐不住了。在村里举办的座谈会上，大家纷纷发言。一些年长的乡亲回忆，以前申明亭村还是比较富裕的，远近也比较有名望。现在，家乡从富到贫，从有名望到落后，大家纷纷表示要尽力帮助家乡抛掉落后贫穷的帽子。

改变家乡的落后面貌不能靠要，不能像以前那样等海外亲人寄包裹寄侨汇。有乡亲打比方说：我担水，你来吃，多多都不行，但担得多吃得多，不担来就没吃的了。不如大家出力挖口井，大家打水吃着就源源不断了。于是座谈会成了发展规划会。会后大家达成一个共识："授人以鱼不如授人以渔"，要改变过去单纯捐钱捐物的方式，为申明亭村探索一条自我致富之路。

申明亭村在香港的很多乡亲是做制衣的，考虑申明亭村的发展，自然是从自己最熟悉的产业说起。香港同胞杨玉维提出可以办一家制衣厂，发展制衣业。旅港乡亲和村委会很快达成共识，开始筹办制衣厂。不久，在申明亭一个破旧的菜市场，一家叫"申明亭制衣综合工艺厂"的小制衣厂正式开张了，拥有33台电动衣车和一台发动机，随后又连续增加了30台衣车及整套设备，海外乡亲又集资了40万港元。工厂的制衣设备一部分由侨胞捐赠，一部分是投资，先后购进了柴油发电机、衣车、翻领机等设备 83 台，基本形成了一条缝纫服装的生产流水线。正是这个小厂，成为中山市第一个三来一补的企业。

　　当时国内的制衣技术较为落后，以家庭小作坊为主，使用的多是传统脚踏缝纫机。为了让村民掌握先进技术，杨玉维从香港请来制衣师傅，从村里挑选一些年轻人，由香港师傅手把手地传授平车、纸样、裁床等技术，学会以后再由这些年轻人教其他的村民。十多天时间就培养了 43 名熟练掌握技术的村民。为了帮助制衣厂快速发展，香港乡亲不仅出钱买设备请师傅，就连在申明亭村吃饭，来回船票都是自己掏钱，不用村里一分钱。

　　申明亭制衣综合工艺厂很快投产，接受对外来料加工，第一年共收入加工费 18 万港元，加上国家优惠补贴，共收入人

1980 年，旅港乡亲杨玉维（前右一）、杨棣增（后左三）、杨民立（后左四）、杨润洪（后左二）等在家乡申明亭开办制衣厂，造福桑梓。

民币 10.4 万多元，占全乡税收的 62%；解决了 250 人的就业，还能为全村 100 多名退休老人按月提供生活补助。群众高兴地说："办起一间厂，富了一村人。"

随后，村里又办起高富制衣厂。到了 1981 年，申明亭制衣综合工艺厂和高富制衣厂共有平车 280 台，骨车 43 台及其他设备，职工已经发展到 220 人。

工厂的客户从一个发展到四个，从一个制衣品种发展到机绣等多样款式的服装加工业务，产品远销至美国、英国、德国、比利时、荷兰、瑞士等国家。同时还把服装发放到邻近几个村子去加工，帮助这些村解决部分富余劳动力的问题，使这些村子也增加了集体收入。

香港同胞送来的这一桶"金"，不仅仅是资金，还包括制衣业的先进理念、技术和管理模式。更为重要的是，杨玉维等人创办的申明亭制衣综合工艺厂不仅为申明亭村开拓了致富之路，也为沙溪镇开启了服装专业镇的致富大门。

香港沙溪人的服装情结

沙溪镇自古产业兴盛，有史料记载的生产民俗就有许多与"专业"有关，比如涌边菜苗生产专业村、旧象角大头菜与西洋菜生产专业村、坎溪织布专业村、岚霞腊鸭专业村等。服装业可追溯到两百多年前。

《香山县志·道光志》载："妇女织麻，双丝细缕织成者，号家机，自服，不以售人。女子勤者，嫁时必有数匹压椸。"《香山县志·同治志》亦有相同记载。完稿于民国初年的《香山县乡土志》在"实业"篇中指出，包括布业在内的工业产品，已经"颇多输出"。大概初时为自用，逐步发展为销售。

清末民初，沙溪坎溪村约 300 户人家，其中约 80% 劳动力从事织布业，称之为织布专业村是符合当时实际情况的。沙溪是远近闻名的侨乡。据 1999 年版的《沙溪镇志》记载，在南宋景炎年间就有乡亲出国谋生，旅居国外的华侨、华人和旅居港澳台地区的同胞总共七万多人，分布在 30 多个国家和地区。这些海外沙溪乡亲在外起初靠出卖苦力为生，稍有积蓄便从事小贩小商行业，而多数从事贩卖布匹。香港的永安街就因为多数铺面为销售布匹的隆都（沙溪）人所开而被称为"隆都街"。香港中环的永安街，旧时称为"花布街"、"大姑街"。

隆都人到香港谋生，不少人还是秉承家乡的老习惯，以卖布为生。有租用铺面经营的，有流动零售的，但大多数是肩托布匹，或推着小车，手拿剪刀、木尺（或竹尺）、雨伞，穿街走巷叫卖。在永安街一带，亦有布贩在此摆卖。这些流动布贩，多数居住在荷里活道的"布馆"。由于是小本生意，收入微薄，仅够一家糊口。

隆都塔园村人黄锦标（又名黄验善），肩托布匹上街叫卖了一段时间后，想找个店铺固定售布。他看中了永安街一个空置铺位，想租下此店经营布匹。经营布匹需要一个清洁的环境，但是清末的永安街全是经营打铁的店铺，叮叮当当的打铁声，震耳欲聋，加上煤炭屑飞扬，建筑物与路面都铺一层黑色的尘埃，卫生环境十分恶劣，除专程到此购买铁器者外，一般行人都绕道而行。

同行们都劝黄锦标不要在此经营，但是永安街租金便宜，人口又密集，交通方便，客源相对会多，黄锦标思前想后还是执意在永安街租铺经营，以里家外铺的形式开设"黄锦昌号"布店。由于他经营得当，服务态度又好，加上订购的欧洲新式花布迎合了消费者的心理，不但站住了脚，而且生意越做越火红，黄锦昌号声誉日隆。黄锦标发了大财，后来成了港沪四大公司（永安、先施、大新、新新）的大股东之一。他在澳门、石岐置有大屋，在家乡塔园村有九间小屋，在乡下置田几亩，收取地租给村中作春秋二祭之用。他乐善好施，深受乡人爱戴，因他在家中排行第二，乡人称之为黄老二。

隆都的同行们看到黄锦昌号布匹生意做得如此兴旺，都纷纷在永安街觅店经营布匹，隆都人开的布店越来越多，成行成市，形成了一条在香港很有名气的特色街，名噪一时。在永安街经营布匹的店主，塔园村黄姓者居多，与塔园村相邻的港头村次之。例如有黄来的"大来"号，黄达伍的"三昌"号，黄棣源的"裕兴"号，黄锋的"源生"号等。港头村在此开匹头铺的有胡天培的"五光"有限公司，胡咢川的"真正"匹头公司，胡胜权的"民兴"公司等，还有隆都人陈友耀与黄量舒的"鸿发"公司，彭添的"恒兴"匹头呢绒公司，缪伍常与缪六顺的"纶章"号、余达莊的"福利"等。当年香港三大匹头的龙头分别是"英昌隆"、"水安祥"和"福昌"。英昌隆由隆都人杨国英开办，这些布店都雇请隆都人做伙计，故永安街的隆都话流行，成了香港名副其实的隆都街。

回乡办厂掀起热潮

20 世纪 70 年代后，卖布行业日渐式微，港澳商人把目光转向了正在兴起的制衣及服装行业，不少成为行业的佼佼者。当祖国的大门再次向世界敞开时，香港乡亲在申明亭村的成功不仅勾起了沙溪人的服装情结，更鼓励了更多的香港同胞回乡投资设厂，触发了沙溪服装业的井喷式发展。

1984 年前后，沙溪的制衣产业已呈现镇、村、个体等多个层次一起上的局面，隆都制衣厂大楼、沙溪时装厂大楼、高富制衣厂大楼、申明亭制衣厂大楼等相继建成。

1985 年 11 月 11 日《羊城晚报》刊载题为《中山钉珠服装加入世界最名贵服装行列》的一篇报道，记载了当时沙溪服装行业取得的令人瞩目的成绩。报道写道：

> 广东中山沙溪工艺时装厂生产的钉珠服装，已踏入了世界最名贵服装的行列……
>
> 纽约是世界著名的服装市场中心，而位于该市的"七大道"更是集世界高级时装的精华，故有"世界高级时装橱窗"之称。在中山沙溪工艺时装厂生产的钉珠服装，已成为全国同行业中产品第一个进入"七大道"数家高级时装公司的厂家……
>
> 去年春交会后，该厂开始由几十人生产小批量的钉珠服装出口。后业务突飞猛进，目前该厂下设 22 家分厂，共 3000 多工人，生产晚礼服、宴会服、长衫、短衫、背心、

衣裙以及演员、歌星的表演服。这些服装以真丝布做面料，钉绣上珠片和珠粒组成的各式图案，既是工艺品，又是服装，在灯光和阳光下闪闪发光，显得雅致、华丽，富有魅力。许多国家的厂家生产钉珠服装一般销千件以下，香港的厂家最高纪录曾销 5000 件。而该厂生产编号为"8411"的钉珠服装，至今已销出 2 万多件，还继续接到订单，这在世界高级时装市场上颇为罕见。该厂预计今年可为国家创汇 150 万美元。这些钉珠服装，都是该厂厂长张肇达设计的。这位今年 24 岁的厂长从事时装设计才五年多时间。由于他勤奋学习，刻苦钻研，已成为高级时装设计师。美国纽约"七大道"高级时装公司的几个商人和设计师对张肇达的聪明才智表示惊讶和赞赏。

如果说，1979 年至 1983 年，申明亭制衣厂等一批制衣企业的出现是沙溪服装探索起步阶段，那么 1984—1988 年则被称为起飞阶段，这段时期沙溪服装业以来料加工、来件装配、来样生产和补偿贸易（简称"三来一补"）为主，通过与外商合作经营，初步探索了发展外向型经济的路子，出现专业镇经济的萌芽。在这一历史阶段，这种萌芽是自然随机的。催生萌芽的土壤，是改革开放后深刻的农村经济变革。在这场变革中从土地中解脱出来的闲余劳动力和资金，在新一轮国际分工大调整的背景以及中央搞活经济的鼓励下，哪里有利，就涌向哪里。因此，专业镇的萌芽也随之出现。

1989 年后，沙溪与制衣业相关联和配套的行业迅速兴起并建立相应的市场，形成从制造、整染、布匹、绣花、加工服装、销售相匹配的制衣业系列化生产和销售的地方特色，逐步形成今日的专业镇经济模式。

港商与沙溪共同发展

1997 年香港回归之后，沙溪服装业依托在香港的资源优势，在资金、技术、营销上与国际接轨，开始向广度和深度发展。2000 年初沙溪就拥有了 70 多个知名的休闲服装品牌，服装行业有"休闲服装看沙溪"之说。

21 世纪初，广东省常务副省长汤炳权与 80 年代在中山沙溪镇申明亭村开设第一间服装企业的港商杨玉维老先生拥抱（萧亮忠摄）

2000 年首届中国休闲服装博览会的创立与举办，对沙溪休闲服装产业和企业发展与品牌化建设带来极大的推动与促进作用。以"三来一补"加工型发轫的沙溪休闲服装产业，开始树立休闲流行文化和休闲服装概念，中国休闲服装企业开始有品牌意识、市场意识、品质意识的培育，改变了中国传统的服装格局，推进了产业的技术开发与管理创新，带来了中国休闲服装产业对产品、市场、质量等认识的改变。博览会的举办，为沙溪搭建了一个休闲服装的时尚展示与贸易平台，不仅提升了沙溪休闲服装产业，也带动和提升了旅游、宾馆、交通、房地产等相关延伸产业的发展，涌现出更多的"沙溪故事"和"沙溪神话"。从 2000 年起，每年一届的"中国休闲服装博览会"因其专业性、商贸性、国际性产生了巨大的市场效应，成为中国休闲服装展示时尚、国际交流的重要平台和窗口，使沙溪走在了休闲服装的最前沿，成为休闲服装流行趋势风向标。

继 2011 年第十二届"中国休闲服装博览会"后，2015 年 11 月 6 日，中山市沙溪休闲服装以"互联网+"的新思维，创新"服博会"。当届"服博会"把传统的现场展览、交易模式变成了以"互联网+"创新思维为核心的电子商务交易会。这一届展会吸引了来自全国 3000 多家纺织服装企业和相关配套企业前来参展。展会以"互联网+"和协同创新思维，流行的品牌秀场，新鲜的创新能量，展现"柔性供应、快反加工、精准营销"的全产业链电子商务应用模式，打造永不落幕的服装产业与电商"联姻"的时尚盛宴，实现电商平台、第三方服务商、传统纺织服装企业融合共赢。

当日,"中山市服装产业联盟"正式成立,"Tomdong杯"2015
中国(沙溪)服装设计大赛进行决赛。中山市服装产业联盟将
通过联合金融、研发、设计、生产、销售、培训、展览、物流
等领域资源,做大做强中山市服装产业,让服装成为"中山美
居"整体品牌的重要组成部分,以创新驱动加快服装行业的转
型升级。

近40年的沙溪服装专业镇发展史,港资企业既是"春风
第一枝",更是与沙溪镇共同发展。这当中王立文与他的"金
鹰皇制衣厂有限公司"便是一段创业传奇。

1939年8月,王立文出生于中山市沙溪镇石门村。就像
大多数望子成龙的父母一样,爹妈赐其乳名"官柏",直到现
在中山、香港还有很多人仍称他为柏仔或柏哥。王立文对父母

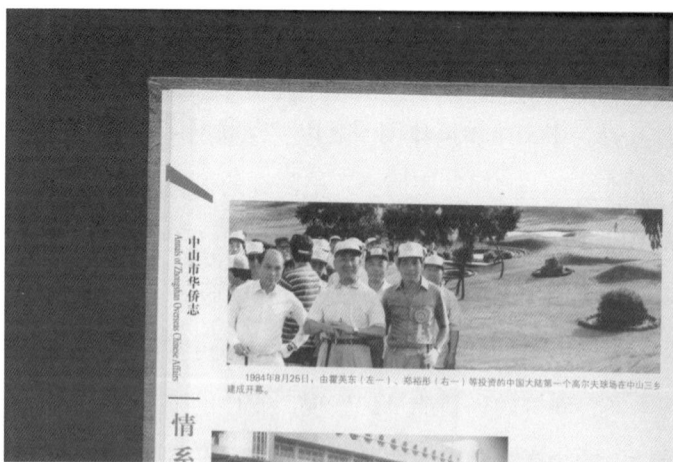

1993年12月28日,旅港乡亲王立文(右四)在沙溪镇投资兴办的金
龙皇置业发展公司开幕。

寄托希望的意愿（长大当官，寿如松柏）并不看重，倒是希望自己学文通百业，成为一个文化人，便自己改名"王立文"——立志从文。

从石门小学到龙山中学，再到中山师范学校，到三角合作小学任教，王立文似乎真的从文了。

不过，命运之神并没有为这个立志从文的青年戴上缪斯的桂冠，而是将王立文推向商海。一个偶然的机会，王立文伉俪来到了香港。为了谋生，王立文选择了隆都人的传统行业——制衣，且从学徒做起。勤奋与执著，倾心与智慧，使得王立文很快赢得了一位老裁缝师傅的欢心。老师傅不仅把毕生经验和技术传授给他，满师时还把一把看家剪刀相赠。凭着这把剪刀，王立文和妻子开起了自己的制衣厂，

仅仅五年时间，从 12 平方米的出租房，到 80 平方米的大车间，再到享誉香港、蜚声加拿大的"金龙皇制衣厂有限公司"，王立文开启了半个世纪的服装"皇业"。

虽然在香港事业有成，但王志文念念不忘家乡。1979 年，王立文趁中国改革开放东风带来的巨大机遇，回到沙溪投资创办了金鹰皇制衣厂有限公司。30 多年来，他在故乡兴业发展，事业如日中天。即使在全球金融危机、国际市场疲软的环境下，"金鹰皇"门前依然车水马龙，王立文总是自豪地说："客户还怕我们不接单呢！"

心怀故土，情系家乡。"金鹰皇"在家乡的成功，更加深了王立文回报家乡的善念。数十年来，他醉心于家乡的公益慈善事业，助学、修路、改善医疗条件……一笔笔善款支持了家

乡学校、医院，改善了公共设施。家乡人民为了表彰他的善举，授予他一系列的荣誉：龙山中学、沙溪理工学校名誉校长，中山一中香港校友会永远名誉会长，沙溪慈善家，中山市荣誉市民等。王立文谦逊地说："只要我王立文还活在人世，只要我的产业还在滚动，我对祖国、对家乡的奉献就不会停止。"

类似王立文这样与沙溪共同发展的港商不少。2016 年，在沙溪的服装企业中，港资企业共 51 家，不少也成为沙溪服装专业镇的核心企业，见证着沙溪服装的潮起潮落，在中国服装市场中如鱼得水。在申明亭开办第一家制衣厂的杨玉维可能没有想到，他的爱乡情结不仅为家乡造福，而且开启了沙溪镇的致富大门。

林百欣、林余宝珠与中山鳄鱼恤

多年来，在中山市政府赠送给嘉宾的礼物中，常常包含著名品牌"鳄鱼恤"服装。

中山"鳄鱼恤"是香港著名实业家林百欣先生在内地最早投资的项目，它的成功对沙溪服装产业起到了极大的推动作用。这个在中山沙溪生产的香港品牌，是中山人的骄傲。

林百欣，人称"林伯"，是香港丽新集团主席和亚洲电视永远名誉主席，祖籍广东潮阳。1914 年十二月初五出生，排行第九。其父林献之是 20 世纪 20 年代汕头"利强织造厂"老板，兼营金融，抗战前在香港开过米铺及糖冬瓜厂。

林百欣幼年就读汕头"旅汕广州学校"，1931 年随父赴港转读香港九龙"民生书院"。虽然出生于富裕之家，林百欣并未想过当一名二世祖。他的第一份工作是煲凉茶，月薪三港元，但他仍按时寄钱给生母，又每月花一元多学英文，其后遵从父亲要求转读中文。1935 年回汕投职"佳成银行"。年纪小小的林百欣，已懂得充实自己的重要，中午饭后大家午睡，他就学会计，义务核账，学到了一生受用不尽的知识。

1937 年抗战爆发，林百欣离开家乡回到香港。1939 年的一天，他路过九龙城时遇到一个同乡手里拿着一大包精致的绣花女仔衫。林百欣出生于织造之家，对服装衣物有着天然的敏感。他立即拉着同乡了解制衣工艺，并提出出本钱让同乡开家庭式作坊制衣，他自己负责推销。同乡正苦于生意清淡，听到林百欣的合作计划大喜过望。不久，林百欣与几家专门从事东南亚出口的贸易公司建立关系，源源不断接到出口订单。1947 年，林百欣和夫人在深水浦元洲街买下两间铺位，开设了"成福织造厂"，生产针织成衣，产品以外销东南亚为主。

20 世纪 40 年代末 50 年代初，香港的针织业并不发达，产品除在东南亚有市场外，在世界其他地区并不知名。如何打开世界市场，成为香港针织业的一个难题。50 年代初，林百欣偶然接到一张来自东非的订单，要求做七百打衬衣，限时送到东非。当时这种衬衣的布料是日本进口的人造纤维，每月只有一班船从日本运货到香港，然后再从香港装货去非洲。要赶上东非货主要求的时间，必须在三四天内完成。林百欣组织全厂工人加班加点，在三天时间里完成订单，按时将货送达非洲。这单生意帮助林百欣在非洲商人中赢得了良好的信誉，成功打开了非洲市场，他也因此被同行们称为"非洲王"。

1953年，林百欣将产品打入英国市场，成为第一位将香港制造的商品销往英国的厂商。50年代，林百欣在针织业中快速扩张。他收购了"丽新制衣厂"，将其与"成福织造厂"合并。60年代初，丽新制衣厂的产品又成功地打入美国市场。

1964年，美国开始对纺织品输入实行配额制度，不少新生厂商备受打击。林百欣由于是最早开拓美国成衣市场的厂商，因此获得相当多的配额，一跃成为香港针织业大户。

1966年，林百欣在青山道兴建了"百欣大厦"，成为丽新制衣的新厂址。在扩大生产规模的同时，林百欣注意到没有品牌的服装卖不出好价钱，他积极与世界各著名服装商联系，获得多家世界名牌服装的代理权，生意越做越大。从60年代后期起，林百欣开始涉足香港地产业。当时香港经济开始起飞，制造业兴旺，对工业楼的需求旺盛，而大多地产商却偏重于发展商业与住宅楼宇。林百欣把握机会，大力发展工业楼宇。

1972年，丽新制衣公司在香港股市热潮期上市。丽新公司的上市，不仅使该公司由一间家族公司变为公众公司，更通过发行公众股，筹措到一大笔资金，加速了在房地产业的投资。到80年代初，丽新集团仅出租的工业楼宇已达十多万平方米，年租金收益达七千余万港元。80年代初期，中英关于香港回归的谈判开始，一些人纷纷移民海外。林百欣果断地将公司从成衣制造、厂房出租和出口配额买卖方面赚来的钱全部投入地产业，购买了大批廉价的物业及地皮，为丽新集团向百亿元超级财团的发展奠下了良好的基础。地产业是林百欣发家的主要支柱，他在经营地产业时，坚持只租不卖。70年代几百元一平方米的工业楼，到 90 年代已升至上万元一平方米。如果当年卖掉了，仅能获小利，丽新集团也不至于发展得这么快。这也是林百欣高人一等之处。

1987 年是林百欣事业发展的又一高峰。这一年林百欣对丽新集团进行业务重组，将地产业务以"丽新发展"的名义单独上市，而原有的制衣业务则保留在新成立的集团控股公司"丽新制衣国际"下。"丽新发展"上市后，社会上反应良好，林百欣顺利套现了一大笔资金。接着他以 13 亿港元收购了著名服装业上市公司——鳄鱼恤公司 73.9% 的股权。

"鳄鱼"这个服装标志在香港已有多年历史。早在 1910 年，一位德国人到港府注册了"鳄鱼"商标，用于服装等商品。第一次世界大战后，英国人接管了这个著名的商标。几经周折，这个商标辗转到了香港商人陈景辉手中，陈景辉于 1952 年正式成立"鳄鱼恤有限公司"，在香港开展鳄鱼牌服装的生产及零售业务。

收购后，林百欣追加投资近十亿港元，建造新厂房，引进一流设备，还建立了服饰设计研究情报分析中心，大力扩充了鳄鱼恤的生产规模。公司还请来了欧美及亚洲一批一流的服装设计师，设计出多种不同款式和品牌的服装。至 90 年代中，"鳄鱼"产品已有六大类，款式品种达两千余个。今日香港，几乎家家均有鳄鱼服装。

1988 年，丽新集团进一步迈向多元化。在林百欣次子林建岳的推动下，丽新集团于 3 月收购了景耀国际有限公司，主营香港及海外酒店管理。同年 6 月，林百欣以家族名义向邱德

1983 年，旅港乡亲林百欣等捐资兴建沙溪隆都医院。

根购入亚洲电视 38.3% 的股权，成为亚视董事局主席。

林余宝珠，1924 年 12 月出生，中山人。中国内地改革开放之初，林余宝珠女士就动员丈夫林百欣先生投资家乡，帮助家乡振兴经济。

1988 年，林百欣在中山沙溪投资建设了鳄鱼恤（中山）有限公司，建成了当时规模最大、设备最先进的生产基地。林余宝珠说，集团把整个鳄鱼恤的生产迁来中山，成为地地道道的"中山制造"。

林百欣对国家无比忠诚。他除身兼广州、汕头、厦门及中山四个城市的荣誉市民外，也是港事顾问、特区筹委会委员、香港明天更好基金创会成员。林百欣更是知名的慈善家，每年捐出巨款予各慈善机构。他每天早上六点起床，跑步锻炼近一小时，几十年如一日从不间断。他常说："生命在于运动，健康在于锻炼。"

1983年，林百欣捐资200多万元兴建沙溪隆都医院。2004年林百欣先生偕夫人林余宝珠和其子林建岳（丽新集团副主席）来中山考察，看到当年捐建的隆都医院已显破旧，沙溪学校还需加大建设力度，当即决定捐款500万元。据不完全统计，林百欣、林余宝珠先后为内地慈善公益事业捐款达7亿元人民币。

2005年林百欣逝世后，林余宝珠继承林百欣的慈善事业，继续为家乡作出贡献。林余宝珠教学楼、隆都医院林余宝珠大楼、隆都医院林百欣大楼等三项捐赠建设工程竣工，造福乡亲。林百欣林余宝珠伉俪的爱国爱乡情怀也感染影响了许多香港知名人士为中山、沙溪的公益事业作出贡献。

"三分天注定，七分靠打拼，爱拼才会赢"，是林百欣辛勤耕耘一生的写照。林百欣总是乐不可支地说："是呀，爱拼才会赢，我是拼的。但我做生意从来不去到十足，会留三成后路。"

小榄五金：港商半边天

在中山小榄，以前人们熟知的是小榄的菊展，食客垂涎的是令人食欲大动的菊花宴。改革开放 40 年，这个当年还是一片菊花地的农业小镇，已成为中国五金制品产业基地、中国电子音响产业基地、中国内衣名镇，成为南粤大地一颗熠熠闪亮的明珠。

小榄的飞速发展，港资企业功不可没。

工业启蒙

1978 年底，党的十一届三中全会拨乱反正。在广东，冤假错案被平反，党的华侨政策得到落实。中山县侨务办公室的干部亲自到香港拜会小榄籍的旅港乡亲，邀请他们回家乡走访探亲。当旅港乡亲回到阔别多年的小榄时，亲情、乡情让游子们唏嘘不已。约七万原籍小榄的旅港乡亲萌发了回乡发展的念头。

与此同时，小榄人从自己的经历中体悟到无工不富的现实，认为如果再局限于农业经济，小榄难以真正发展。正当小榄人寻求致富道路时，旅港小榄乡亲为他们的同乡上了一堂启蒙课。

1982年，小榄人、旅港乡亲李立先生办起小榄第二家外资也是第一家港资企业——添利线路板厂。就是这家小工厂开启了港商港资汇聚小榄的洪流。紧接着，由旅港乡亲李民森先生投资兴办的菊城酒店也在一片期望中诞生。当时酒店业尚处于起步阶段，这间酒店成为小榄招商引资、改善投资环境的重要举措。一花引来满眼春，在先行者的带领下，独资、合资、合作、"三来一补"等各类形式的港资企业如雨后春笋般在小榄大地生根开花。

旅港乡亲李立（夏升权摄）

至 1997 年，在小榄的 350 家涉外企业中，港资企业就占了 235 间。小榄实际利用外资 3 亿美元，港资占了 1.9 亿美元，约三分之二的份额。1996 年三资企业创汇 1.53 亿美元，交纳加工费 900 万美元，港资企业占其中的七成左右。港资企业是小榄外资企业兵团中一支扛鼎的主力部队，抢占了当年小榄五金业的半壁江山。

悠悠故乡情，绵绵赤子心。投资故乡，为家乡的发展出资出力，是香港同胞的一种心愿，也是一种乡情。在小榄，人们不仅知道李立、李民森、张锦等知名的小榄旅港乡亲，还知道在投资小榄的港资企业中，原籍小榄的旅港乡亲占了投资者的大部分。美不美家乡水，亲不亲故乡人，而对于旅港乡亲的桑梓情，故乡的人民和政府则回馈更热情周到的服务及政策措施的巨大支持。

家乡巨大的发展机会和潜力也给予小榄的港资企业以拓展的动力，投资小榄的港资企业在促进了当地经济发展的同时也加速了自身的发展。由李立先生创办的添利线路板厂，创办之初仅有 200 名工人，年产值不超过 3000 万港元。经过 15 年发展，到 1997 年，它已经发展为一间拥有 3000 多工人，年产值达 10 亿港元的现代化新型企业。

李民森先生在合资创办菊城酒店获得成功后，还先后在小榄开办了制衣、化工、印染等七间工厂。

港资带头投资的五金制品成为小榄的特色产业，也让当地人看到了工业致富的道路。各乡镇集体企业、私营企业纷纷加入，很快形成了以锁具、燃气具为龙头，上下游产品及各种配件齐全的产业群。1986 年，小榄被誉为"中国南方锁城"。与此同时，一些发展迅速的港资企业不断做大做强，当地政府也意识到要加强乡镇集体企业的竞争力。进入 20 世纪 90 年代前期，当地政府为了推行集体企业大型化、集团化战略，开始积极实施企业合并，以名优产品为龙头组建集团公司，一批超大型集体五金制品企业由此诞生，如华帝燃气具、固力制锁等。这些大型企业集团的形成有力地推动了小榄五金产业集群内部专业化纵向分工体系的形成和延伸。到 1995 年左右，小榄已基本形成了以五金塑料、电子音响产业为龙头，包括食品饮料、化工胶粘、制衣服装和印刷包装在内的完整的工业部门体系。1999 年，所有企业数为 3000 家左右，其中五金企业共有 1585 户，约占 52%。

港资企业不仅促进了小榄的工业发展，来自香江的企业家亦不忘回报小榄的社会经济发展和社会公益事业。据统计，至 1997 年，在小榄港资企业工作的工人达四万人左右，在依照有关规定交纳了数目不菲的税费之余，港资企业主总是不遗余力地捐款捐物，支持小榄的社会公益事业。据当年统计，改革开放 18 年间，到香港回归前夕，来自海外、港澳的多种无偿捐助就达一亿多港元，其中相当部分来自投资小榄的港资企业主。

回归加力

1997 年香港回归祖国，在小榄工作的港商表示，改革开放不仅为家乡，也为他们带来发展机遇，他们相信，一国两制将使祖国和香港更繁荣，更美好。

在港资企业的带动下，五金产业成为小榄镇地方特色产业，也吸引了一大批五金生产和销售企业的集聚。到20世纪90年代末期，小榄政府开始全盘规划产业的发展，致力于建设和完善五金产业服务平台，推动五金产业集群升级发展，打造"小企业、大协作；小产品、大市场；小集群、大产业"的"中国五金制品产业基地"。截至2005年底，全镇拥有工业企业6005家，其中规模以上企业619家，经济总收入332亿元，其中工业销售收入287亿元，形成了以固力、华锋制锁集团和聚龙公司为代表的五金制品基地，以美加、惠亚集团为代表的电子电器音响基地，以及食品饲料、服装制鞋、化工胶粘、印刷包装等六大支柱产业全面发展的良好局面。

通过不断的技术创新和改造，小榄五金制造业焕发出强大的生命力。2008年，由港资带动的小榄镇五金塑料行业收入达150亿元，占全镇工业销售的39.4%。不仅如此，小榄镇的五金产业由锁具为主导的五金产业扩展至包括锁类、燃气具类、脚轮类、铰链类、金属压铸类、喷涂电镀类、模具类、卫浴制品类和其他五金制品类，以及五金配件类等10小类较为完备的五金产业链条，成为小榄镇工业经济的主导产业。

创新驱动

创新驱动正是新型专业镇战略的灵魂。过去30多年来，小榄作为全市工业重镇，在经济发展、社会管理等诸多方面为中山市探索了许多有益经验。在全面推进新型专业镇的战役中，小榄是否能以"二次创业"的精神为全市探索出一条新路？

2015年，小榄镇党委和政府迅速确定了推进新型专业镇的五年目标：小榄将立足城市"副中心"的战略定位，加快推进小榄北部、新南区及产业、交通、文化等规划编制工作，按城市"副中心"要求建设交通、电力、通信等基础设施，着力打造承载力、发展力、辐射力强的区域中心，促进专业镇创新与新型城镇化建设融合发展，建设与经济社会发展水平相适应、与科学发展要求和市场经济取向相适应的新型专业镇。

为鼓励科技成果孵化、扶持科技创业、构建科技创业孵化体系，小榄早在2001年便建设镇科技创业中心，作为非盈利性的科技项目研发、科技人员和留学回归人员的孵化及创业基地，重点发展电子信息、生物工程、新材料等高新技术领域。

近年来，镇政府加大建设力度，通过"三旧"改造等形式，建设中山市工业设计产业园、德迅电商产业园等孵化区域，三大科技创业孵化园区孵化场地达1.5万平方米，进驻孵化企业97家，孵化出中山市立创检测技术服务有限公司、中山市黑火工业设计有限公司、中山市源骏工业设计有限公司等多家知名企业，孵化项目32个。

五金制锁是小榄的传统优势产业，小榄锁具在全国市场占有率超过40%。为巩固优势，小榄镇科创中心多年前就开始推动产品及工艺创新，牵头制定了高于国内行业标准的弹子插芯锁、球锁、外装门锁、指纹锁、刷卡锁、电子密码锁等六项锁具联盟标准，并得到了区域内企业广泛采用，使全镇制锁企业产品质量得到提高。

经济转型

小榄原有的三大支柱产业均属传统产业,要实现工业经济超常规发展,必须寻找新的增长点。在中山新近提出的"两区四带多集群"产业版图中,小榄也是"北部灯饰光源产业带"上的重要一环。

事实上,小榄自2009年就将LED新光源作为重点发展的战略性新兴产业,先后引入木林森、亿光电子、泰腾灯饰等重量级灯饰光源企业。2010年起,小榄镇开展绿色照明示范工程,积极参与"中山市城乡一体化LED路灯照明示范工程"和科技部组织的"十城万盏"等示范工程,全镇已累计更换LED路灯13511盏,覆盖公路里程达190公里,节约能源50%以上。

经过6年的发展,小榄镇已建成占地1000亩的LED产业园,成为中国最大的LED封装基地之一。小榄的LED产业不仅有规模优势,还正在逐步积累技术优势。尤为引人注目的是,位于小榄的立体光电公司已开发出整套无封装芯片应用解决方案,并与三星、飞利浦等大企业建立了合作联盟,为LED产业发展掌握了先发优势。

无论企业数量还是经济总量,小榄镇在中山都占约10%的比重。发展新型专业镇,小榄镇成为全市的主战场之一。

对于小榄众多"隐形冠军"而言,扩大规模、抢占市场显得更为迫切。小榄镇镇长林伟强表示,推动这类企业"上市上板"是政府的重点工作。

李立：祖国给我一个发展空间

2016 年 7 月 1 日，一只名叫依顿电子的新股上市，后连续涨停四个交易日。截至 7 月 4 日，依顿电子上市后累计涨幅达 91.77%。不到一周时间，市值达 143.57 亿元，冲进 A 股上市公司前 200 名。

仅仅十多天后，广东依顿电子科技股份有限公司凭借其总部业态发展良好、规模大、效益好、具有行业领先优势以及对地方社会发展贡献大等条件，被认定为中山市总部企业，获得了中山市 2016 年技术改造专项资金——总部企业经营贡献专题资助专项资金 641 万元。该项资助资金是中山市用以鼓励总部企业经济的发展及企业引进高职、高管、高技人才的奖励。

依顿电子的实际控制人为李氏三兄弟——李永强、李永胜和李铭浚，持股 79.96%。他们于 1998 年开拓的依顿事业，走出了港人依托祖国发展的康庄大道。

1998 年，李永强、李永胜和李铭浚三兄弟在萨摩亚成立依顿投资。2000 年三兄弟通过依顿投资成立了依顿有限（依顿电子的前身），开始在中国内地从事 PCB 生产业务。2001—2009 年间，三兄弟通过收购、合并等方式，控股了高树有限、依顿投资、依顿电子、依顿（中山）多层线路板有限公司等企业。

凭借着一系列的发展，李氏三兄弟初步形成庞大的"依顿系"企业集团。在内地与香港办厂的成功，让李氏兄弟对家乡感情更加深厚，他们不仅把依顿电子的总部设在中山，2005

年、2006 年李氏三兄弟相继向中山缴纳税款 1795 万元和 2895
万元，成为当地的纳税大户。

他们还致力于中山的公益事业。2001 年后，李氏三兄弟
先后向三角镇人民政府，三角、阜沙、民众、坦洲等镇红十字
会，三角镇商会和电子科技大学中山学院等捐资 902 万元，用
于教育、扶贫、敬老等公益福利事业。

香港回归后，三兄弟对家乡的感情和贡献受到家乡人民的
充分肯定。2008 年，中山市第十三届人大常委会第八次会议
对三兄弟授予"中山市荣誉市民"称号。

李氏三兄弟在企业治理、资本运作上的杰出才能和他们对
家乡的热爱、家庭背景不无关系。他们的身后站立着父亲李立，
一位令人尊敬的香港爱国实业家。

几十年前，年轻的李立在中山一家船厂做会计，每月工
资只有三十多元。当时中山乡间的生活很贫穷，为了糊口，他
只有偷船上剩下的死鱼去卖。为了争取好一点的生活，在一个
没有月亮的夜晚，李立和几个同乡从中山偷了一条小艇偷渡到
澳门。在一家饼店干了三个月的黑工后，靠着香港的姐夫筹了
二百元的路费，才得以从澳门坐船来到香港。李立带着买船票
剩下的四十元踏上香港的码头，开始了在香港的打工生涯。虽
然读了六年书，但毫无根基的李立谋到了在香港一个工厂当搬
运工人的工作，月薪数十港元。不久他转到一家建筑公司工作，
人工加到一百港元，不过一年只能休三天假。建筑公司面对各
行各业的客户，李立做事认真，结交了不少商行的朋友。1968
年，李立有一个做线路板厂经理的客户自己开厂做私帮生意，

因违反有关条例被迫停工。眼看自己购买的大批机器无法使用，资金无法回笼，他央求李立折价收购他的机器，他愿意传授生产管理技术，并提供客户以酬谢李立。精明的李立对这个行业进行调查后发现，当时生产电子产品的小工厂作坊很多，但电子产品必需的线路板工厂却很少。他当机立断，用五年积蓄的三万港元开了一家电子线路板厂，生产单面印刷线路板，这便是添利集团的雏形。创业艰辛，最初只有两名工人，李立一年做足 360 天，每天工作 20 小时。凭着一种韧劲，皇天不负有心人，第一年就赚了十万港元，七年后年利润达到 100 万元。

1979 年，李立毅然回到家乡小榄镇永宁村投资开办永宁添利电脑板厂等，投资总额达四亿多港元。在那个年代，极"左"的影响还没有肃清，海外许多人还对国内有种种疑虑，投资几个亿办厂，在当时是需要勇气的。李立相信政府是真心搞改革开放，认为内地有土地、劳动力的优势，同时内地现代化建设对高科技产品需求大，市场广阔。回内地办厂至今，李立以线路板、电子产品为主，目前拥有添利电子有限公司、皆力士电脑板有限公司、李氏塑胶制造厂有限公司等产业。在香港、深圳、中山、广州均有大量投资，各地职工人数达六七千人。

"国家给我一个发展的空间，我们反过来也支持了家乡的工业发展，这是互赢。"

家乡情结和敏锐的商业触觉让李立在 1979 年中国改革开放之初抓住机遇，进入内地投资。在 1997 年香港回归前夕，香港富人纷纷移民的时候，他选择留在香港，而且加大了在内地的投资力度。他说："我的工厂都在内地，发展良好，香港回归只会更好。"他逐渐放手让三个儿子参与组建依顿企业，以一种新的投资方式回国设厂。

香港回归十年后，国际线路板、电子行业的竞争越来越激烈，李立依然在商海如鱼得水。为了适应新的形势，2000年3月依顿电子落户三角镇。至2005年，短短4年间，依顿电子投资总额已达10亿元，成为目前华南地区最大的线路板制造商之一。

1979年和1997年，在这两个关键转折年所表现出的"政治智慧"，显示出李立独特的政治远见。李立说："我们做生意的人不一定要参加政治，但不能不知道政治。"李立十分关心时事新闻。不仅看金融、经济类的新闻，还关心国际、内地时事。他一直热心支持家乡各项公益事业，不遗余力地支持家乡的发展。香港回归之前，他在中山捐资赠物总额达1020多万港元。

1989年，他荣获"中山市荣誉市民"称号，成为中山首批荣誉市民中最年轻的一位。他还荣获广州市荣誉市民、深圳市荣誉市民称号，是深圳市和广州市白云区政协委员。

2007年，香港回归十年之际，有人与李立谈到第二代接班人。他欣慰地说，现在三个儿子也已长大了，要做这行还是在内地的发展空间大。儿子们同心协力辅助父亲在内地扩大发展。李立对未来充满信心，雄心勃勃。

依顿电子的发展，正如李立和他的儿子们所预料，在回归第二个十年，企业的发展再上一个新台阶。李立扎根内地，与祖国一起发展，获得了丰硕的回报。

"四大百货"情归故里

香港回归十年后，有两则消息引起了人们的注意。

2008 年 10 月 15 日，有着百年历史的郭氏家族企业永安集团重回故乡中山投资的新项目——永安新城皇冠假日酒店封顶。"一份难舍的故土之情，让整个家族期望为家乡经济发展贡献一份力量。"永安酒店（中山）有限公司董事长郭志舜说，永安拟投资一亿美元在中山南区建造中心商业圈，以带动整个南区商贸经济快速发展。

早在 2003 年，香港永安集团重归故乡中山投资地产永安花园商住楼，2007 年又在南区投资建造五星级酒店项目。永安集团还将以酒店、商住楼为中心配套建设其他项目，形成一个中心商业圈，以帮助经济发展相对滞后的南区快速发展商贸经济。

郭氏家族另一位后人郭志梁说："其实我们向来都是广东省的一部分，说小一点，向来都是珠江三角洲的一部分。中山是珠江三角洲的一个重要的城市，珠江三角洲将来的前途是很

马应彪故居外景（缪晓剑摄）

美丽的，我们在那里投资是很名正言顺的。"

2010 年 11 月 24 日上午，先施百货公司创始人马应彪为纪念先父马在明以及打算"老来安居家乡"而兴建的马公纪念堂——一栋仿英国钟楼式的三层楼建筑"南源堂"，在沙涌当地居民的见证下，由马氏后人将使用权正式移交至中山相关部门。

为表达对家乡建设的支持和移交仪式的重视，南源堂产权人马应彪的第三、四代后人应邀回乡参加了活动。81 岁的马应彪孙子马健启在仪式上表示，为能够给家乡的华侨事业、社会发展贡献力量而感到骄傲和自豪。

在移交仪式上，中山市副市长唐颖高度赞扬了马应彪先生在中国近代工商业发展中所作出的巨大贡献，以及支持以孙中

马应彪故居内景（缪晓剑摄）

山先生为代表的民主革命的伟大精神，充分肯定了马氏后人多年为家乡建设发展所作出的无私奉献。他说："当前，全市上下正加快推进文化名城建设，南源堂使用权的移交将对加快中山华侨历史传承与发展产生积极的推动作用。"

马应彪故居所在的沙涌社区已被列为全市的历史文化街区，这些华侨建筑在空间布局形态、建筑基底等方面共同构成历史文化的记忆。该社区借移交南源堂使用权的契机，计划未来将全力配合市有关部门，进一步加强历史人文古迹及历史文化街区的保护开发与利用，马公纪念馆将成为今后中山旅游的重点打造对象，是华侨文化的重要展示基地。

马应彪故居是拥有三栋楼房的大宅。从马公纪念堂正门进去，迎面是一座中国重檐八角攒尖顶的传统凉亭，该亭以马应彪先父马在明的名字命名为"在明亭"。

亭后正中为仿意大利罗马穹顶式的两层建筑"一元堂"，大厅中间陈列着马应彪的半身雕像。据说这栋楼原本是为纪念马应彪的父亲，陈设了与其父相关的物品，现在改成了村里老年人的活动中心：一楼是棋牌室，二楼供村内老人唱戏、表演之用。

右边是仿西班牙式的三层建筑，名为"妇儿院"，后改为"沙涌先施学校"，2003年再改成了沙涌幼儿园。左边即是此次移交使用权的主角，一座仿英国钟楼式的三层楼建筑"南源堂"。

这三栋楼约建于1929年，由马应彪和欧洲工程师设计。所有建筑均为砖木和混凝土相结合的结构，建筑材料均来自香港，总占地面积约8100平方米。是当时香山华侨返乡建造住宅中规模较大的一组，具有典型的西式建筑风格。马应彪孙子马健启介绍，这些老祖屋经历了晚清、民国、新中国三次大变革，见证了中山在近现代的巨大变迁，几经易手。20世纪三四十年代的抗日战争中，该屋曾被日本鬼子征用。新中国成立后收归国有，曾作为医院、幼儿园和党校。"文化大革命"结束前，老祖屋被用作党校。马健启记得，他和家人于1975年一起回到中山，这是新中国成立后他第一次重回故里。那时候他们只能远远看一眼老祖屋，不敢踏进家门半步。

1981年，中山市落实华侨房屋政策，马应彪故居被返还给马家。

2005年，马家后人出资一百多万元重修故居，并增设健身、娱乐设施，无偿为村民提供休闲娱乐场所。2008年11月18日，马应彪故居被广东省人民政府公布为广东省文物保护单位。这一次，马家向当地政府移交南源堂使用权，显示了马氏后人对家乡的一片深情。马氏后人马文煊说："我想一个人有根是很重要的，自从香港 1997 年回归中国后，觉得自己真的是有了一份归属感，对于中国内地，尤其是自己家乡的中山市，就更加喜爱，希望以后能为家乡做点事情。"

永安和先施后人对家乡贡献的新闻，勾起了许多中山人对"四大百货"辉煌历史的回忆。

在上海南京路上，至今还耸立着四幢古老而奇特的欧式建筑，这四幢建筑分别是 20 世纪二三十年代名噪一时的"先施""永安""新新""大新"这四大百货公司的旧址。当年，这四家百货公司不仅给人们带去了最时髦的购物方式，还引领了近代中国新式百货业。在相互竞争中，四大百货打出了"统办全球百货"的经营理念，并率先招聘女店员，将餐饮、娱乐引进到百货公司的经营中，同时运用一系列先进的经营管理措施来促进销售。八九十年前四大百货公司首创的许多经营理念和促销方式，至今还影响着中国的百货业。

巧的是，四大百货公司的掌门人都是中山籍的澳大利亚华侨，都是做水果生意赚取第一桶金后转行做百货业。最重要的是，四大百货公司都从香港起步（新新公司老板是原来先施公司股东），再进军内地。香港可以说是"四大百货"的发祥地。

先施百货：中国商业的启蒙者

中国第一家现代百货公司先施公司的创始人马应彪，是广州府香山县沙涌乡（今中山市南区沙涌村）人。

马应彪早年家境贫寒，二十岁时前往澳洲谋生，像很多中山同乡一样在澳洲以种菜为生。不过许多人因为不懂英语，无法与当地人很好沟通，种出来的蔬菜水果往往被白人压价收购。马应彪立志掌握英语，不受白人欺负。为了学习英语，他到一家英国人商店免费打工，不久就学得一口流利英语，遂自立门户做蔬果生意，同时为同乡菜农做代理商。他先后开设了永生、永泰、生泰三间铺位，开始有了自己的生产基地，专门在斐济种植香蕉运往澳洲，很快成为悉尼著名的华侨商人。

1882 年马应彪从澳洲回到香港，筹办了华信庄和永昌泰金山庄，经营出入口货物，兼办侨汇。在香港安定后，他便筹备与一位牧师女儿霍庆棠的婚礼。为了采购各种用品，夫妻两人跑遍香港横街窄巷。马应彪此时想起澳大利亚唐人街附近的

马应彪

一间百货公司，那里货品琳琅满目，东西应有尽有。马应彪灵机一动：何不办个百货公司？ 1900 年，马应彪联合在澳大利亚的八位乡亲做股东，在香港皇后大道 172 号买得一个铺位，兴办百货公司。新公司名字"先施"二字来自《中庸》"先施以诚"的理念，英文名字叫"sincere"，是诚实的意思。

1900 年 1 月 8 日，香港第一家华资百货公司——先施百货公司正式开业，成为我国最早的现代百货零售公司。中国传统商号大多货品单一、不注意店堂和铺面的布置艺术，一般都不设沿街玻璃橱窗，商品直接堆在店堂口，买卖费时费事，只能满足顾客购买行为的需要，却忽略了顾客内心对消费的满足。马应彪特别强调公司的购物环境，当时他把筹回来的资金大部分用于装修，只留下 5000 元进货，这种明显西化的经营手法在当时中国商界独树一帜。

香港先施公司开业后，马应彪首先开创性地实行、倡导"不二价"制度，大胆引进外国百货店明码实价的销售方法，不论顾客购物多少，一律给予收据。他还一改中国传统商号店主店员"漫天要价、就地还钱"的传统，而且首开雇用女售货员的先例，并由太太霍庆棠亲自担当售货员及售货员的管理工作。先施公司起用女店员，不仅改变了由一身灰长衫的小伙计立柜台的旧传统，更为女子踏入社会自食其力提供了机会，过去养在深闺的女性开始勇敢走进社会。

这些"反潮流"之举，引起了社会巨大的反响，先施公司开张不久便生意兴隆。

马应彪创办的先施公司开创了中国商业历史上的许多第

一，为我国百货业的现代化作出了开创性的贡献。这场以中山人马应彪为先驱引发的中国商业及消费方式的革命，策源地就在香港。先施公司随后更以香港为总部进军内地，1911年和1917年先后在广州、上海设分公司，主要经营百货、旅馆、游乐场等业务。

永安公司：顾客至上

早年，一批中山华侨在悉尼的唐人街兴办了一系列经营香蕉批发的"果栏"，其中规模较大的要数马应彪的"永生果栏"和郭乐的"永安果栏"。两个店铺相距不远，两人又是中山同乡，遂又联合开一间"永泰果栏"，再将三间联合起来，叫做"生安泰"，专门经营香蕉，把澳大利亚悉尼的所有香蕉生意垄断了。

郭　乐

19世纪末，带着在澳大利亚积累的财富，郭氏兄弟回到故乡中山，经营"金山庄"，为来往于中国和澳大利亚的华侨乡里购买船票、安排住宿、传递家信，还帮助澳大利亚华侨将辛苦赚来的血汗钱捎给他们在中国乡下的亲人。

马应彪的成功也让郭乐把目光转向百货业。他在华侨中集股16万港元，在香港创办了永安百货公司。1907年8月28日，永安公司在香港皇后大道揭牌，郭乐任董事局主席，委派弟弟郭泉任司理，雇请员工约60人，主要经营钟表、时装、化妆品、衣料、洋酒、烟草、乐器、厨具、家私、玩具和体育用品等。

香山商业文化博物馆序厅内郑观应、唐廷枢、徐润、马应彪、郭乐五人群像

1910年，永安公司在郭乐的家乡香山（现中山）石岐设立银业部，专门负责吸收侨汇，为永安公司及其集团的发展获取了大量侨资支持。永安公司在经营上提倡"顾客至上"，讲究服务质量，营业额迅速上升，不但获取了巨额利润，而且在经营管理方面也积累了不少经验。

1915年，郭氏兄弟集资61万港元，成立"永安水火保险有限公司"。几年后郭乐又将经商目标转向国内商业最发达的城市——上海。悉尼的华侨听说郭乐要筹建上海永安百货公司，纷纷踊跃投资，原额定招股50万港元，结果达到200万港元。1917年，上海永安百货公司开业。1925年，又投资人寿保险，随着业务发展，更在新加坡、马来亚等地开设分行，兼营百货、地产、保险和银行的郭氏永安集团终于形成并迅速发展。

永安业务蒸蒸日上，至1942年，永安由16万元的资本增加到800万元，并先后增设有永安货仓、大东酒店，永安金山庄、维新织造厂，其后还投资地产业，成为多元化企业。

新新公司：提倡国货

在"四大公司"中，上海新新公司是开业的第三家，实际上它是从最先开张的先施公司分立出来的。

先施公司开业第五年，股东内部产生矛盾，上海先施的"监督"黄焕南、经理刘锡基等人离开先施，与澳洲华侨李敏周一起筹集300万元创办新新百货。他们选择先施公司西邻至贵州路的一块属哈同洋行的地皮建造百货大楼。1925年大楼竣工，1926年1月23日披红挂彩，敲锣打鼓燃放鞭炮开张。在十里洋场的大上海，公司起了一个完全国粹化的名字。根据《大学》"汤之盘铭曰：苟日新，日日新，又日新"，取名"新新公司"。

当时，南京路已经有了先施、永安这样著名的百货商场，刘锡基认为要赢得顾客，必须大胆超越先施、永安。于是，新

先施公司黄焕南
（中山市档案局提供）

新一改先施、永安主要经营国外货物的做法，打出倡用国货的旗号，将公司的经营宗旨定位在推销国货精品上。而且新新还是第一家在中国政府有关管理部门注册的大型百货公司（永安、先施、大新都在香港注册）。新新公司由于资金规模有限，加上先天不足，在四大公司中居于末位。但该公司在经营上也动了很多脑筋，他们发明了"猜豆得奖"、"当场摸奖"和"房屋奖券"等活动招徕顾客。新新公司还别出心裁，在五楼开办我国最早的商办广播电台——上海新新公司广播电台。1927年3月18日首次广播，每天播出6小时，包括介绍公司产品和广播戏曲节目。戏剧节目主要是转播屋顶花园游艺场演出的京剧、广东戏、滑稽剧。常请上海新闻人王晓籁、袁履登等主持，名角、名票也经常到此演出。电台在新都大厅内，围以玻璃，又称"玻璃电台"。

新新也正是通过这些措施，生意日渐兴隆起来，逐渐在南京路站稳了脚跟，并同永安、先施形成三足鼎立之势。

大新公司：后来居上

正当先施、永安、新新三大百货公司在上海龙争虎斗之时，一家同样由中山乡亲在香港开办的名叫"大新"的百货公司加入竞争行列，而且后来居上。

大新公司的创办人蔡昌早年在蔡兴与马应彪等合股经营的悉尼永生百货水果店内帮工，后来慢慢积攒了一些资金，便开店经营百货水果生意。1899年哥哥蔡兴携带历年积蓄返回香港。1900年蔡兴应马应彪之邀，在香港参与开设先施百货公司。不久，蔡昌也返回香港，在先施公司任职，逐步积累了在百货行业经营的宝贵经验，为开拓自己的事业打下基础。

1912年春，蔡氏兄弟集资400万港元在香港繁华的德辅道开设大新百货公司，蔡昌当经理，开始了他在中国商界的独立经营。在香港站稳脚跟后，蔡昌于1916年在广州惠爱中路，也就是今天的中山五路设立大新分店。虽然大新广州店创办时间比先施广州店晚17年，但是后来居上。一开业，营业额就居广州同业之首，一举成为广州最受欢迎的购物娱乐中心。

两年后，蔡昌又在广州西堤的珠江边兴建规模宏大、拥有12层楼高的大新大厦，也就是今天的南方大厦。香港、广州二地的成功，使蔡昌名声大振。1934年，他筹齐600万港元，来到万商云集的上海。当时南京路上建的商场大厦宏伟壮观，面积为全国之冠，在远东屈指可数。1936年1月10日，楼高10层的上海大新大厦在南京路西藏路口落成，它超越先施、永安、新新，成为上海四大百货公司之冠。蔡昌及其经营的沪、穗、港大新公司，驰名海内外，在全国百货行业中具有重要地位。

商场如战场，四大百货公司在上海同处于一个商业旺区，又都经营环球百货，是不折不扣的竞争对手。与此同时，它们的创办人又都是中山籍的华侨，曾经一起打拼、共同创业。在企业经营上，它们既互相竞争、又相互融合。而且四大家族长期以通婚的方式互相渗透，维持着良好的合作关系。

由中山华侨创办的"先施""永安""新新""大新"这四大百货公司从香港起步，在20世纪二三十年代的上海，掀起了一个实业救国的浪潮，短短一二十年内成为中国商业的一面旗帜。在上海的成功,又促进了他们在香港的发展。20世纪50到70年代末,香港四大百货的发展也到达了一个顶峰。

先施公司回到香港继续发展,距今已有超过一百年的历史,在香港拥有三间百货公司。据了解,马应彪创立的先施公司系香港四大百货之一,成就了一个商业传奇。香港先施公司仍是香港零售业的佼佼者,然而目前仍留在先施公司的马家后人已寥寥无几。

马健启介绍,从马应彪的孙子开始,大多数后人都往专业人才的方向发展。以马健启这一代为例,就出了六个医生、两个会计师,马健启本人就是一名会计师。而马应彪的曾孙一辈也同样如此,目前只有马健启的一个儿子等极少数后人还留在先施公司任职。

创立近百年的香港永安百货公司仍是全香港规模较大和久负盛名的百货连锁店之一。它和先施公司虽然已失去百货业"领头羊"的地位,但创始人郭氏和马氏的第三、四代还在为家族产业不懈努力。

博爱一脉情系两地

在纪念孙中山诞辰 150 周年之际，人们发现一个很有趣的现象：在孙中山现存的 469 件题词中，关于"博爱"的题词有64 件，相近的 4 件，"天下为公"有 39 件，如果将字异义同的"大道之行也天下为公"、"公天下"、"世界大同"、"共进大同"等 36 件计算在内，这类题词约占总数的三分之一。

孙中山故居

　　孙中山在题词上如此偏爱"博爱"，大概由于他特别崇尚博爱精神，认为自由、平等、博爱是人道主义的精髓，应与三民主义一起倡行。他力图用西方资产阶级伦理思想改造中国固有的伦理纲目，最突出的表现就是用西方资产阶级"博爱"说去改造传统"仁爱"观，从而形成了他的博爱仁学。孙中山博爱仁学的思想基础是他的利人观，也是他"天下为公"思想的具体表现。他的博爱仁学赋予了博爱更深厚的内容，他认为"博爱仁者，为公爱而非私爱"，"能博爱，即能谓仁"。"仁"包括救世、救国、救人三种。他鞠躬尽瘁，一生实践对"仁"的追求。

　　孙中山的天下为公、博爱精神，体现在他一生的言行中。他的政治主张无不体现了博爱精神。他主张平均地权，节制资本，为下层贫苦百姓提供基本的生活保障；他倡导人权，改良社会，发展慈善事业，救百姓于水火之中；他提倡要做大事，不要做大官，要有为四万万同胞牺牲的精神；他特别关注、支持被压迫民族的解放运动，享有"东方民族解放之父"和"世界被压迫民族、世界被压迫阶级的救主"的美誉。

　　孙中山的天下为公、博爱精神，为世人留下了关乎人生观、价值取向的宝贵精神遗产，对构建和谐社会、精神文明建设具有重要的普世价值。早年孙中山倡导并实践的博爱精神，如今在他的家乡被发扬光大。

　　中山历来有华侨港澳同胞捐助公益，造福家乡的光荣传统。改革开放后，许多中山籍的香港同胞回到家乡寻根问祖，也勾起了为家乡做贡献的桑梓之情。一时间，捐助学校、医疗及各类公益事业的善举数不胜数。以杨志云、郭德胜的巨资捐赠为代表，中山也成为新时期侨捐项目最多的地区，慈善文化也成为中山城市文化的重要组成部分。

以港为师的中山慈善万人行

2017 年的元宵佳节，艳阳高照，中山人一年一度的盛大节日——慈善万人行活动隆重举行。两万多名市民和各界人士组成的两百多支巡游队伍，在《我们与爱同行》的激情乐曲中列阵前行。本届慈善万人行活动已收到认捐款物 10130.33 万元，创历史新高。

大爱无疆，善行天下。这一年，中山慈善万人行活动步入第 30 年。在中山的文化建设中，中山慈善万人行已成为新民俗和一道独特风景线。中国红十字会会长陈竺在贺信中指出，

2015 年慈善万人行助残志愿者方队（余兆宇摄）

2013年慈善万人行游行方队（付希华摄）

中山慈善万人行活动通过把红十字精神、慈善传统文化、社会主义核心价值观有机结合，广泛动员和凝聚了社会人道力量，在传承博爱精神、传播人道理念、服务困难群体、弘扬文明新风方面发挥了平台载体作用，对于构建和谐社会、促进社会主义精神文明建设、助推改革发展稳定具有重要意义。

在慈善万人行活动期间，中山市各行各业、各单位都自觉组织开展义卖、义演等服务社群的志愿活动，24个镇区根据实际开展了系列义赛、义卖、义演、巡游等活动。参与市、镇两级巡游活动人数达20多万，全市各行各业踊跃支持，爱心善举处处涌现。收藏家刘善弼把收藏多年的450多件慈善万人行史料无偿捐赠给中山档案馆，见证中山博爱足迹。

为总结中山慈善万人行活动30年成功举办的历程，中山慈善万人行总指挥部、中山市红十字会还组织了系列活动，表彰一批"红十字博爱奖"单位和个人，制作一部专题宣传片等。市慈善万人行指挥部、中山市红十字会还运用新媒体扩大宣传，开展微信图文有奖征集众筹等活动，向大众传递正能量。

中山慈善万人行活动是中山市红十字会最具影响力的品牌之一，成为"广东乃至全国红十字运动的一面旗帜"。30年来，中山慈善万人行活动共筹集捐款超过13亿元，所募集资金参与了医院、学校、安居工程、敬老院等近100个重点公益项目的建设，为数以万计突陷困境的家庭提供了及时有效的综合援助。

中山市慈善万人行这一慈善文化事业很大程度受到香港同胞热心慈善的影响。它得益于孙中山"博爱"思想在中山的广泛传播，得益于改革开放以后香港同胞热心捐助中山各项公益事业形成的良好的群众基础，更得益于借鉴香港同胞举办慈善百万行的社会慈善活动方式。

1987年底，由中山市文化局牵头组织的艺术小分队先后到市光荣院、市颐老院、市福利院等单位慰问革命老人和孤寡老人。常年在养老院的老人们无依无靠，生活艰苦，当慰问小组为每位老人送上相当于福利院一个月生活费的慰问金时，老人们感动得哭起来。这样的情景让参加敬老慰问的队员们意识到，老人太需要社会关注和帮助了。但是当年中山市的财政能力还不能为孤寡老人提供更好的生活条件。慰问结束后，他们一心想要发动社会为老人做点事情。于是有人提出借鉴香港"百万行"的民间慈善活动，在中山开展"万人行"的敬老活动，借助社会力量敬爱老人。1988年春节前，中山市举行了

2007 年，海外港澳（中山）乡亲回乡参加中山市"慈善万人行"

首届万人行。此次活动不仅得到社会热心人士的广泛支持，也得到了政府的大力支持。从策划到举行万人巡游，时间只有短短的一个月，一个以"敬老"为宗旨的慈善万人行诞生了。

1988 年春节，首届敬老万人行举行，参加万人行的不仅有市民也有华侨和港澳同胞。1988 年中山市红十字会成立后，接手开展民间的敬老等慈善活动以及宣扬人道主义精神。受到首届敬老万人行的影响，中山市认识到单纯的敬老行为远远不够，应该充分发扬孙中山的"博爱"精神，不仅要敬老，还要扶危济困、救死扶伤。于是，1989 年正式将这一活动定名为"慈善万人行"。

为了让慈善万人行影响更大，吸引更多市民参与，慈善万人行的组织者别出心裁，在游行队伍中安排民间艺术表演，以民间艺术文化推动慈善公益事业发展。1989 年第二届万人行举办之际，各镇区的民间艺术队伍纷纷加入到巡游队列，一些曾经销声匿迹的传统民间艺术得到新生，黄圃飘色、古镇云龙、沙溪鹤舞和凤舞、起湾沙龙、濠头金龙、西区木龙等民间艺术迅速发展成为富有地方特色的民俗文化，逐步形成中山特有的文化现象，也更深厚了慈善万人行的文化内涵，使之成为慈善万人行 30 年坚持不懈的根基。

慈善万人行对中山政治、经济、文化、社会的发展都产生了重要而深远的影响。每年慈善万人行的队伍里，汇聚了官员、知识分子、普通市民，也有华侨、港澳乡亲、老板、外来务工人员……中山人在万人行的行进中体会到伟人孙中山提倡的"博爱"精神。

中山慈善万人行活动极大地推动了中山公益事业的发展。中山第一所可容纳 10 个班弱智儿和聋哑儿的启智学校建起来了；为孤寡老残和困难户免费门诊服务的红十字会门诊部建起来了；能容纳 200 多名社会孤老的度假式养老颐乐楼建起来了；博爱医院建起来了……

中山慈善万人行活动不仅展示了中山人的精神面貌和中山市精神与物质文明建设同步发展的可喜成就，更展示了中华民族的传统美德和博爱、慈善的社会风尚。

2008 年 12 月 15 日，中山慈善万人行摘得我国公益慈善领域最高政府奖，即 2008 年度中华慈善奖——最具影响力慈善项目。

杨氏家族：兴医济世，爱心接力

2012 年 3 月 27 日，中山市人民医院隆重举行由旅港同胞杨氏家族捐资两千万港元兴建的杨郭恩慈大楼启用仪式，该大楼将用作门诊大楼和老人康复中心。广东省政协副主席汤炳权、中共中山市委书记薛晓峰、中山市市长陈茂辉、清远市副市长王得坤等领导和杨氏家族代表参加了杨郭恩慈大楼启用仪式。

杨郭恩慈大楼占地 6660.1 平方米，建筑总面积 44804 平方米。主楼高 11 层，其中 1 至 7 层为门诊区域，其余楼层作康复医疗之用。在 7 楼建有室外园林，取名恩慈苑。大楼内有连廊与杨颖滨大楼相接，而杨颖滨大楼原来已与杨志云大楼相接，医院的 3 座主要医疗用房连成一体。继捐巨资建成杨颖滨大楼、杨志云大楼后，杨郭恩慈大楼成为第三幢以杨氏家族成员捐建并命名的大楼。

2012 年 3 月，人民医院杨郭恩慈大楼启用仪式举行。（叶劲翀摄）

人民医院杨郭恩慈大楼启用仪式上，杨秉坚先生代表杨氏家族向人民医院赠送"赠医施药款"一百万元。（叶劲翀摄）

人民医院杨颖滨大楼揭牌（资料图片）

　　杨郭恩慈大楼最大的特点就是按身体器官分科，方便患者就诊。该大楼的落成，为中山市人民医院增加了近百个床位，为患者就诊提供了更加舒适的环境和更加便捷的服务。据人民医院院长余元龙介绍，医院的发展经历了三次质的飞跃，除了1950年的建院外，其他两次都与杨氏家族密切相关：第二次是杨志云先生捐建的杨颖滨大楼的建成启用，使医院面貌和住院条件发生了根本性的转变，硬件条件在全国的县级医院中首屈一指；第三次是杨氏家族捐建的杨志云大楼的投入使用，医院实行了二级分科。

中山市人民医院这三幢以杨氏家族成员名字命名的大楼，就像杨氏家族兴医济世造福桑梓的三座丰碑，向人们诉说着杨志云先生及其后人慈善为怀、爱心接力的动人故事。

杨云志，中山石岐人，出生在一个商人家庭。父亲杨颖滨，在石岐从商。

杨志云在少年时就到父亲合股的商店内当"后生"，后来随长兄伯云在石岐天宝金铺从商学艺，又先后于利贞、金城金铺、汇通银铺从事金融业。杨志云聪明伶俐，自小在商界环境长大，让他对商业运作比同龄人有更深的体会。初涉商场，他便以干练的商业才能崭露头角。同时，他虚心好学和善于积累经验的良好品质，为其后创业立下根基。

抗战胜利后，杨志云为了谋求更大的发展，离开中山来到香港，在香港文咸东街大有金铺任职员。不久，大有金铺要转让，他在一位华侨亲戚的支持下，盘下了大有金铺，并改名为"景福"，经营金银珠宝钟表，开始在香港创业拓疆。杨志云事业心强，而且十分勤奋，面对香港金融业瞬息万变的行情，能机智应对，很快打开局面。几年间，"景福"在港九两地相继开办分号，名噪香江，成为香港金融界之佼佼者。

1957年，杨志云接手美丽华酒店，进军酒店旅游业。

美丽华酒店原由几个西班牙神父于1949年创办，是一间教会小旅店。起初主要用来接待新中国成立后被驱逐出内地的神职人员，后来这些人员先后到各国教区任职，旅店便逐步向公众开放，收益作为教会的经费。

1957年，新到任的主教不满下属从事与传教相悖的旅店业，下令将旅店出售。神父委托教友蔡永禧寻找买家。蔡永禧原打算找他认识的一名沪籍富商洽谈，但那个沪籍富商去了澳门。正当蔡永禧扫兴欲回时，遇到住在沪籍富商旁边的杨志云。杨志云看见这位交情一般的朋友出现在自己家附近，就问蔡永禧来此有何贵干，蔡道出来由。杨志云心中窃喜，香港为世界著名自由港，各国旅客多，发展旅游业当大有可图。美丽华位于弥敦道的九龙公园对面，位置极佳，神父的开价远低于市价，杨志云当机立断，马上拿出一万港元定金。

杨志云资金不够，便向恒生银行的何善衡求助，何善衡认为价格便宜，同意参股。其后两人又找何添、洗为坚入股，向恒生银行贷款把美丽华买下。何善衡任董事长，杨志云为董事总经理。

杨志云把美丽华其中一层改为"万寿宫"，供以表演传统剧及杂耍。他吸取先进管理方法，不断创新，锐意经营，业务蒸蒸日上。20世纪60年代末，美丽华扩充到两百多个房间，于1970年上市。经扩股集资，美丽华得以扩建，到1980年已是拥有1300个房间的四星级酒店，是恒生指数三只酒店蓝筹股中唯一一间华资酒店。杨志云并没有局限于美丽华酒店自身的业务，他把业务延伸到香港启德机场与海洋公园的餐厅，就连香港客机上供应旅客的饮料食物，亦来自美丽华酒店。

杨志云为协助内地发展旅游业，训练骨干，培育人才，在深圳蛇口等地兴办旅业，继而开拓海外市场，在美国夏威夷、

人民医院杨颖滨大楼（缪晓剑摄）

三藩市、洛杉矶等地开设"美丽华"。杨志云发展旅游业不遗余力，由"景福"至"美丽华"，不断进取中成为香港有名富商。

1981年8月，置地与佳宁合组的财团宣布，以28亿港元购买美丽华酒店旧翼，创下全世界单一物业的最高成交价纪录。

杨志云贵为香港商业巨子，但秉性慈祥，十分念旧，对家乡和乡亲情深如海。他谨承父训，恤寡怜贫，亲友中有困难者均予以资助，其中长期按月周济者，不下数十人。

杨志云从小受业于石岐拱辰路黎卓老先生，对老师始终毕恭毕敬。后来失学从商，于香江创业，事业有成后长期寄款，在经济上照顾黎老师。黎卓去世后，杨志云仍一如既往款寄师母。杨志云返乡参加杨颖滨大楼揭幕时，曾到黎家致奠，慰问家属。他当年在天宝金铺当伙伴时有一个工友，"文化大革命"期间曾收到杨志云汇款，因顾虑当年的政治气氛，借词生活过得去而婉谢。有一位伙伴与志云有世交之谊，"文化大革命"时期，景遇不佳。杨志云知道后，当即按月汇款数百港元接济。

1978 年底，十一届三中全会召开，侨乡各项政策得到落实，杨志云回到家乡中山。在融融的亲情下，杨志云也看到了中山落后的一面。新中国成立前的中山，还有一家稍具规模的侨立医院——中山县侨立公医院。1916 年，在美国三藩市加省大学医疗系就读的中山大涌南文籍学生萧江河提议为家乡筹建医院，可惜在毕业那年因车祸身亡。其姐姐萧悔尘决意完成弟弟未竟的事业，在美洲华侨中筹集了 30 多万元，于 1924 年在石岐创办了"侨立公医院"。后在县长唐绍仪的协助下，在孙文路水关街侧扩建了大楼（今中山市博物馆主楼）。杨志云记得，当年父亲杨颖滨鉴于中山医疗事业落后，曾发誓"如异日有所成就，当于邑中兴建医院"。

新中国成立后，1951 年 5 月，侨立公医院并入中山县人民医院。此后三十年来，中山县人民医院虽然有所发展，但房屋低矮，地方窄小，人才缺乏，设备简陋，已很难适应社会的要求。

杨志云想为家乡做点事情，想到了为人民医院捐建医疗大楼。1980 年 1 月，他以杨颖滨医疗纪念基金有限公司的名义，捐资一千万港元兴建中山市人民医院杨颖滨大楼，成立由其长子杨秉正为主席及一批热心家乡建设之旅港同胞为顾问之"特别委员会"，负责处理捐建医院事宜。

当时，杨氏家族对大楼兴建极为关心，在国内尚缺医院建筑专业设计人才的情况下，专门聘请了香港的专业设计师。香

杨秉坚（左四）视察杨颖滨大楼工地

港的设计师对大楼进行了十分完善的规划，每个病房均设有适合病人使用的洗手间。中方人员观念落后，反对说：我们需要的是医院，不是宾馆。在激烈的争论之下，设计师只好放弃洗手间的配置，仅保留东西两端豪华病房的洗手间。结果在后来相当长的时间里，病房病人排队上公共厕所的现象逐渐凸显。直至 2003 年，杨颖滨大楼的每个病房才配上洗手间。

该工程从 1980 年奠基始，至 1982 年 6 月竣工，同年 9 月初开始使用，11 月 28 日举行揭幕暨献匙仪式。

新建大楼位于中山市城区石岐孙文东路中山市人民医院大院内，楼高九层，顶端竖红十字标志。为纪念父亲，杨志云以"杨颖滨大楼"命名。大楼门口有世界著名物理学家、诺贝尔资金获得者杨振宁博士题名、著名书法家秦萼生书写"杨颖滨大楼"五个大字。

杨颖滨大楼是中山市人民医院第一幢具现代化意义的医疗大楼，宏伟壮观，设计新颖，建筑面积有近两千平方米。楼房宽敞舒适，内有 42 间病房，可容 600 张床位。楼内电梯上落，五条楼梯沟通各层。该大楼既为当地群众服务，亦为海外华侨和港澳同胞前来就医或体检疗养提供方便，在当时国内县级医院中堪称一流。

医院大楼竣工后，杨志云又于 1982 年将他与林树堂先生创立的杨林慈善基金的 100 万港元捐赠给 " 杨颖滨医疗纪念基金 "，为医院维修及添置设备提供有利条件。

为提高医院的医疗技术水平和医疗效果，杨先生为市人民医院筹赠心脏监护系统，移动式急救监护仪，X 光机，各种纤维内窥镜和检验仪器等一批先进的医疗器械，他还与美国、香港等地医学界朋友商议，组织学术交流。

正当事业蒸蒸日上之际，杨志云不幸于 1985 年 3 月 30 日病逝于香港。为表彰其爱国爱乡造福桑梓的善举，中山市人民代表大会常务委员会于 1989 年授予其遗孀杨郭恩慈女士荣誉市民称号，并颁授《荣誉市民证书》和金锁匙。

杨志云生前以"小心做事，大量容人，利居众后，责在人先"为座右铭。杨志云与夫人育五男二女，儿孙满膝，三代同堂。在杨志云夫人的带领下，杨氏后人继承杨志云的遗志，继续为家乡公益事业作贡献。

杨郭恩慈，竹秀园村人，已故香港景福集团主席杨志云先生遗孀。20 世纪 80 年代初，她支持丈夫捐出 1000 万港元巨

杨郭恩慈大楼外观（叶劲翀摄）

资兴建市人民医院杨颖滨大楼。杨志云去世后，她教育子女要继续关心家乡，实现先辈在家乡建一所像样医院的遗愿。

1995 年，杨志云长子杨秉正向中山市人民医院捐资 2500 万港元，兴建了楼高 16 层的杨志云外科大楼。杨秉正准备回乡参加奠基典礼时，突患心脏病过世。杨郭恩慈强忍悲痛，坚持捐款并安排至亲回乡参加奠基。

2004 年 6 月 13 日，杨郭恩慈女士带着儿女、媳妇和孙子回到阔别多年的家乡中山。杨郭恩慈女士表示要捐赠 2000 万港元，帮助中山市人民医院建设门诊大楼和老人康复中心。

2007 年 12 月 27 日，杨氏家族又再捐资 2000 万港元，动工兴建杨郭恩慈大楼。杨颖滨、杨志云和杨郭恩慈三座大楼成为了中山市人民医院最大的三幢建筑物。

2009 年 7 月 4 日，杨郭恩慈大楼顺利封顶。

2011 年 7 月，中山市人民医院急救中心搬迁至装修一新的杨郭恩慈大楼内，门诊及其他相关科室也陆续有序地迁入新大楼。

多年来，杨郭恩慈将每年生日时亲朋好友赠送的礼金悉数捐赠给中山市人民医院，其中一次给市人民医院捐赠的医生培训费就超过 100 万港元。杨氏家族多年来对市人民医院的捐助是全方位的，不仅从硬件上捐助，还介绍不少专家到医院授课，帮助该院医生出外培训，不断提高医护人员的素质。

郭德胜：乡情搭建孙中山纪念堂

在香港回归第二年的 1998 年，中山举行群众投票，评选"中山十景"。取名为"仁山玉宇"的孙中山纪念堂以高票入选，这是"仁山玉宇"继 1985 年首次入选"中山十景"后第二次再度入选。两次入选不仅表明孙中山纪念堂以其恢弘的建筑和纪念孙中山的特殊意义得到市民的喜爱，更由于市民在香港回归之际怀念已故的中山籍香港著名实业家郭德胜，正是他捐资 1000 万元修建了孙中山纪念堂，才改变了孙中山故乡长达 57 年没有孙中山纪念建筑的现象。

在中山城区兴中道南端，有一处占地 358179 平方米，依托两个平缓的山坡修建而成的宏伟建筑，这就是中山市的地标式建筑——孙中山纪念堂。

纪念堂入门上方，镶嵌着一块有全国人大常委会副委员长廖承志亲笔题书的"孙中山纪念堂"的金字横匾。正中上层一

中山孙中山纪念堂（资料照片）

座小殿建筑的墙上，悬挂着一块有孙中山笔迹"天下为公"的金字直匾，三座亭楼的顶尖装设三颗金黄色的大琉璃珠，象征孙中山先生创立的"新三民主义"。

从高空鸟瞰纪念堂，整个布局成一"中"字，而从地面平视则又成一"山"字，整个建筑既有浓厚的民族风格，又充满了时代的特色。这处恢弘的建筑落成于 1983 年 10 月，在当时是中山市最具现代化的公共建筑。

1985 年，孙中山纪念堂取名"仁山玉宇"。"仁山"原是个小山岗，现既为纪念堂地址，且寓仰慕孙中山仁心济世之意。"玉宇"两字，既描绘了纪念堂的雄伟，又寓含了孙中山的崇高品质和伟大的革命精神。

1925 年孙中山逝世后，全国各地掀起了一股纪念热潮，中山路、中山纪念堂、中山铜像、中山公园等如雨后春笋般出现，全国各大城市都有这一类纪念地，其中以广州中山纪念堂和南京中山陵最为出名。孙中山也成为全世界最多纪念道路、纪念

俯瞰孙中山纪念堂（夏升权摄）

建筑的世界名人，甚至有人提出以此申报世界历史文化遗产。

中山当年名为香山县，在孙中山逝世一个月后，香山县更名为"中山县"，并在 20 世纪 20 年代末就成为了中国的"模范县"。直到改革开放初期，中山县社会、民生各方面的发展一直处于全国前列。但是作为伟人故乡，却没有一处以伟人命名的纪念建筑。这被海内外中山人一直引为憾事。

1979 年，乘改革开放春风，大批海外中山人纷纷回归故里。桑梓情深，不少同胞慷慨解囊，为中山的发展出钱出力。香港富商，也是杨志云好友的郭德胜先生，也想为家乡父老乡亲做好事。改革开放初期，中山百业待兴，尤其缺乏大型的文化设施。中山县委副书记陈振光提议，请郭德胜捐资兴建孙中山纪念堂——既是纪念孙中山的建筑也是大型的会堂文化设施。这一建议得到了郭德胜先生的认同，他表示不仅愿意捐资 1000 万元港元，还在捐资意向书上写道："建设纪念堂一切事宜，诸如购料等，如认为本人在港可以协助略尽绵力者，请无用客气，随时嘱咐办理可也。"桑梓之情，赤诚之心，可见一斑。

作为香港著名实业家，郭德胜的创业发展史是一个传奇。

1912 年，郭德胜出生于中山石岐一个经营洋杂货的小商人家中。读了几年私塾后，他便开始随父亲走南闯北，小小年纪就到过许多地方，不仅学到了做生意的诀窍，更增长了许多见识。石岐是著名的鱼米之乡，如果顺顺当当，郭德胜也许像父亲一样成为中山本土的一位殷实商人。

然而，抗战的炮火粉碎了田园诗般的生活，他被迫离乡背井，举家来到澳门。郭德胜到澳门后，操持旧业开设"信发百货商行"。澳门地方小，生意发展不大。好不容易熬到抗战胜利，他又到香港谋发展，在上环开了"鸿兴合记"（后改名为"鸿昌合记"）的杂货店。做洋杂货批发，郭德胜以诚待客，广交朋友，生意日渐兴旺，生意很快发展到南洋。1952年，他将杂货店改名为"鸿昌进出口有限公司"，专营洋货批发，极力开拓东南亚市场，生意越做越大，有"洋杂货大王"之称。

郭德胜胸怀大志，不满足于在洋杂货行里称雄。彼时纺织业为香港产品出口的主力，引起了郭德胜的注意。

一次偶然机会，他结识了日本名牌YKK拉链的经营商，取得了YKK拉链在香港的独家代理权。

郭德胜运用他经营洋杂货的生意网络，使YKK拉链畅销港澳及东南亚，每年仅此一项业务的营业额就高达一千万港元。郭德胜敏锐地看准尼龙丝产品市场，设法取得台湾"良友"牌尼龙丝和日本一些尼龙产品的代理权。这些美观清洁、高强度的尼龙产品一上市就大受客户欢迎，取代了传统的麻绳，销售额逐日上升，很快年营业额也逾千万港元。郭德胜并未满足于跻身千万富翁的行列，尽管年近五十，但并不像普通人那样"年过半百万事休"，而是瞄向更大的市场——房地产业。20世纪50年代后期，郭德胜开始涉足房地产市场。

1958年，他与冯景禧、李兆基合组"永业企业"，以买旧楼翻新的方式从事地产业。经过五年经营，一个名不见经传的永业公司居然在香港大鳄成群的地产业站住了脚。

1963年，郭、冯、李三人将永业改组，成立注册资金五百万港元的"新鸿基企业有限公司"。郭德胜在三人中年纪最长，德高望重，被推举为董事长。新鸿基企业创业之初，职员不过 10 余人，在香港地产界里，五百万港元的资本并不很雄厚，何况实际资本只有三个人每人投入的 100 万港元。但新鸿基的最大本钱是郭德胜等三个股东罕见的管理天才，三人都是不折不扣的工作狂，每天工作十五六个小时。郭德胜多年经营工业原料及拉链批发，与香港许多中小型工厂熟稔。20 世纪 60 年代香港加工业起步，小型的加工厂占九成，这类工厂需要小型厂房。于是，新鸿基对症下药，大建工业楼宇，将之分层出售，并提供十年分期付款之优惠，一时间大受欢迎。

正当新鸿基起步时，1965 年，香港发生银行挤兑风潮，英资利用危机一口气吞掉"廖创兴"、"恒生"等华资银行的一半股份，"广东信托"银行宣布倒闭。接着，内地"文化大革命"波及香港，香港房地产市场行情一落千丈。但是，郭德胜并不气馁，他尽量减少抵押及银行透支以削减利息支出，既在低潮时吸纳，又不过分扩张，加上他拥有百货业务每年赚取的庞大流动资金作后盾，新鸿基在大风大浪的 1965—1967 年，不仅安然渡过难关，还建成了 20 多座大厦，使事业稳步发展。

1968 年，郭德胜的投资开始见效。随着工商业的复苏，对于工业厂房的需求越来越大，由于三年低潮期间不少房地产商停产，到了 1969 年，市面楼宇出现供不应求的局面。新鸿基不仅有充足的房源，而且分层出售，可以十年分期付款，极大地方便了工厂主，一时间新鸿基门庭若市。1970 年，房地产业市场出现高潮，郭德胜适时将所建楼宇大批售出，利润滚滚而来。

1965—1972 年间，新鸿基企业售出的楼宇总值达 5.63 亿港元，以成立 8 年计算，平均每年做成 7000 万港元房地产生意，一个实际资本只有 300 万港元的公司，每年单房地产就做到 7000 万，其业绩可谓十分壮观。霍英东的立信置业称霸于住宅楼宇市场、郭德胜的新鸿基则称霸于工业楼宇市场，两者交相辉映。

正处在事业高峰的郭德胜适逢中国改革开放，对祖国的热爱、对故乡的眷念，让他十分看重自己捐建的孙中山纪念堂项目。

当捐赠孙中山纪念堂项目确定后，选址却颇费思量。经过反复的讨论、评估，最后确定选址在当时的石岐仁山广场。

仁山记载了从宋代至今的中山政治经济文化。从明代开始，这里就逐步成为中山的政治文化中心点。平日市民的文娱体育活动亦多聚集于此。纪念堂选址仁山，延续了仁山作为中山文化中心的历史传统。

为了让孙中山纪念堂体现中山地方特色，纪念孙中山意义以及文化中心的功能，中山市找到了当时设计中山温泉获得各方好评的广州市设计院承担设计任务。

广州市设计院展示的设计方案让众人眼前一亮：纪念堂外观庄严宏伟、富丽堂皇，建筑寓意深远，从高空鸟瞰成一"中"字，而从地面平视又成一"山"字，整个建筑既有浓厚的民族风格，又充满了时代特色。这个方案刚一展示，就得到了各方的认可。时至今天，这座建筑仍受到市民和游客的喜爱。

郭德胜当年为孙中山纪念堂的兴建捐款了 1000 万港元，这笔款项以当时的造价是不足的。当年，相关的政府部门运用一些特殊政策，把捐款在香港全数用于购买便宜的二手汽车、空调机，以侨捐的名义进口，然后在内地出售。这一灵活的做法，一方面满足了内地经济发展初期急需运输、机电设备的要求，另一方面为基建筹集了更多的款项。这是中国改革开放初期一个特殊的历史进程，亦留下了时代发展的印记。

孙中山纪念堂于 1982 年 2 月 1 日动土，次年 4 月落成。施工期间，郭德胜多次视察工地。他深谙建筑事务，当看到这座辉煌宏大的建筑精细而高效的施工，情不自禁地对家人说："政府说多谢我们，其实我们要多谢政府！这样的建筑，又快又好，我们自己也做不到。""政府把捐建这样一个重要建筑物的机会让了给我们，这是郭家的荣耀啊！"

1983 年 11 月 12 日，孙中山纪念堂正式开幕，全国人大常委会副委员长廖承志题写"孙中山纪念堂"牌匾，悬挂在正中大门上方。全国人大常委会副委员长朱学范亲莅开幕典礼，广东省省长刘田夫、副省长梁威林，港澳知名人士霍英东、孙中山孙女孙瑞芳等到贺。

至此，在孙中山逝世 57 年后，中山人终于完成了在孙中山家乡设立一座孙中山纪念堂的心愿。

2008 年，中山开展城市原点的评选活动。"城市原点"不仅是一个城市地理位置简单的经纬度数字，而且是整个城市最形象的特征。它既代表城市的历史起源和发展，而且其中的任何一个要素都是城市精华所在，能从中看出城市的变迁，具有重要的人文意义。

中山"城市原点"候选地点有三个，分别是孙中山纪念堂、

孙中山纪念堂内景（吴飞雄摄）

烟墩山阜峰文塔和孙文纪念公园。超过六成的市民投票赞成评选孙中山纪念堂，这个评选结果也和专家意见相吻合。经过中共中山市委、市政府和市人大常委会的审议，最终确定中山的城市原点为孙中山纪念堂。

2009年4月29日，中山市人大常委会决定将孙中山纪念堂前位置定为中山市"城市原点"，在孙中山纪念堂前广场的中轴线上设立了中山市"城市原点"标志。这一标志的设计创意以纪念堂的中式建筑和历史意义为前提，以民族传统美学为引领，浓缩城市文化、城市特质，突出展现中山特色，在13.8米×13.8米的空间里展现中山具有代表性的非物质文化遗产，也展示中山文化的特质"博爱、包容"。

孙中山纪念堂落成后，其所在的公园随之定名为孙中山纪念堂公园，成为了市民心目中的中山地标。2002 年 1 月，孙中山纪念堂牌坊被向后平移 18.8 米并右转 2.9 度，围墙被拆除，整个纪念公园变得更开阔。2009 年城市原点标志的设立使公园更具文化内涵，木棉树的高大伟岸凸显出这一孙中山纪念地的庄严肃穆，而周边满布的榕树婆娑摇曳、绿叶常青又使这里充满和谐融洽的人情味。

如今，许多重要的政治、文化活动在此举行，每天早晚和节假日成为市民、游客休闲、娱乐的地方。

爱国、爱乡的李文彬

2017 年 1 月底，香港慈善组织复康联盟发布了一条消息：

康盟荣誉会长李文彬太平绅士于 2017 年 1 月 27 日离世。

李会长多年来一直积极提倡及支持残疾人士的平等机会。在医务、复康及教育各方面，无论在本地或国际上，都作出了巨大贡献。李会长为香港复康会创会成员及香港会计师公会创会成员，曾任国际复康总会副会长。1982 年委任为太平绅士，1992 年获颁 MBE 勋衔，2001 年获颁银紫荆星章，2010 年获香港大学颁发名誉大学院士衔，2015 年获国际复康总会颁发会长大奖（RI 的最高荣誉）。

李会长和方心让爵士连手领导及协助香港复康联盟成立，至今二十五年。康盟实在有赖李会长多年来的扶持及关顾，才能得以发展成长至今。

康盟谨在此对李文彬荣誉会长的离世致以深切的悼念，并对李会长一生的工作致以最崇高的致敬。

同样的消息在李文彬先生的家乡中山市高新技术开发区小隐村，引起了乡亲们对这位一直关心家乡的同乡的深切怀念。

李文彬，小隐村人，小时候在南朗云衢中学读书，受进步思想熏陶和影响，爱憎分明，对劳苦大众的疾苦充满同情。20世纪40年代他前往香港，经过半个世纪拼搏创业，他已是香港太平绅士、香港大会计师。致富之后，李文彬把许多精力投入到社会公益事业上。他说："对教育事业和为病人驱除疾病，恢复健康，对伤残疾人治理康复，我都很感兴趣，是毕生应做的事，力所能及，会尽力而为。"

李文彬

他创办了香港残疾人的公益组织——香港复康联盟，出任亚洲太平洋地区残联主席，先后到过十多个发达和不发达的国家和地区对残疾人进行考察，了解他们是否得到国家和社会的重视、关怀和治疗，并组织国际援助，促使有关国家对残疾人的状况给予重视和支持。

李文彬多次前往北京参加中国和亚洲、太平洋地区残联会议，与杨尚昆、万里、李鹏等国家领导人讨论中国的残疾人康复事业。

1988年，他得悉家乡筹建小学，改变校舍简陋、设备落后的状况。为了使师生读书、教学都有一个较好的环境，他与其兄李俊驹先生（香湛均辉集团公司总裁、中山市荣誉市民）捐资建设了占地18亩，设计新颖、款式如飞机型的一座三层高的乡村小学教学大楼，建筑面积达6000平方米，并有一座能容纳500人就座的会堂。其兄李俊驹捐资额达400多万港元。李文彬捐资购置所有学生、教师的新型桌子、凳子及会堂500张座椅、音响设备等。

1989年，李文彬先生得悉家乡兴建新的幼儿园，又主动捐资20万元港币，同时动员母亲捐资7万元，作新幼儿园的建设经费。

1993年，中山高新区正在建设新医院。李文彬得悉新医院设备简陋，缺少先进的精密医疗器械，便主动捐助价值达400万港元的一台新型激光电子肾石机给新落成的医院。为了尽快提高医护人员的医疗水平，他还率领香港的医学专家教授前来医院为开发区的残疾人免费做手术，并进行学术交流。

1990 年，李文彬等旅外乡亲捐资兴建的小隐幼儿园

　　1993 年，家乡一位乡亲到香港拜访李先生。李文彬说："云衡中学是我读中学时的母校。你替我告知校长，我给 20 万港元作该校购买教学设备。"

　　1996 年，为了使中山港区新医院更加美观，他亲自设计一群海豚图形式样并同时捐资 20 万港元，在该医院大门口中央建了一个喷水池，使医院增添别致一景。

　　李文彬不顾身体欠佳，总是花时间和精力，多次回医院察看。为了使高新区医院办得更好，他多次带上香港玛丽医院、伊丽莎白医院、香港大学医学院、香港专科医院的院长、专家、教授来新医院为病人医治并指导医院的工作。

　　1997 年香港回归后，他又为新医院先后捐赠一批价值 180 万港元的骨科不锈钢医疗器械，一台价值 40 万港元的 X 光机。另有麻醉机、无影手术灯和新床褥 200 张，心电图纸 4000 多简等，共计价值 80 多万港元。近几年，他捐助中山港区的教育医疗设备达 800 万元，可见他对祖国、对家乡的热心和关怀。

在他的关心支持下，中山高新区医院是开发区唯一的一间集医疗、科研、教学、预防、保健、社区卫生服务于一体的中西医结合的综合性国有医院。她与市区紧紧相连，在20世纪90年代末已具有二级甲等医院规模，现有员工近500人。

林东：扶贫济世，慈善报国

在中山坦洲，有一位著名的"平民慈善家"，他的名片一面印着快乐亲切的"活佛"济公，另一面印着剃发、身披袈裟、双手合十的老人，两者脸部神情相似，笑容中都带着快乐与善意。他叫林东。无论在繁华的港澳地区，还是在大洋彼岸的加拿大、新加坡等地，他的慈善故事一一流传，被尊称为"慈善活济公"。

林东（黎旭升摄）

为了给世界各地需要帮助的人送去爱心与关怀，他总是行走在第一线。为了能把善款捐给学校、医院、养老院、慈善组织，他带领着追随者们攀山涉水，足迹遍布世界。

慈善是林东生命中最为重要的一个词。他认为人生因感恩而存在，人生因慈善而有意义。年近九十岁的他，衣着朴素，精神抖擞，说起话来铿锵有力。

林东，原名林垣，1930 年出生于中山大涌镇安堂村的一个富裕之家，后被过继到亲戚家。童年时经历过日军侵华及灾荒，颠沛流离，成年后又相继遭受断手和中风瘫痪之灾。在连续遭遇几场大祸后，幸运之神终于敲开了林东的门。身体上的康复与精神上的信仰让林东感悟到了人生的真谛，决心要像中国传统故事中的济公一样，济世为怀，引人向善。

林东时常到当地的孤寡老人家里，陪他们闲聊，帮他们洗衣打水做家务。遇到生活拮据的老人，林东便把身上所剩无几的钱给他们，自己和妻儿只吃开水咸菜泡饭。

有一次，林东一家省吃俭用，买了台电视机打算捐给当地的敬老院——在当时，林家还只能听听"话匣子（收音机）"。买了电视机，林东直接就送到敬老院去了。刚好当天敬老院换了新来的值班人员，看他衣着破旧，还背着崭新的电视机，竟把他当做小偷拦了下来。事后，值班人员跟林东道了歉，林东也不恼，反而赞他有责任心。

很快，林东乐善好施的名声便传开了，不少人慕名而来，与他结成志同道合的好友。在他们的帮助下，林东创办了慈善会，生活也逐渐安乐。但他极为节俭，总是希望能把节省下来的钱投入到公益事业中。

1999 年，林东的发妻谭群好因病在坦洲辞世。悲痛之余，林东把所得的 24.6 万元吊唁金全数捐给坦洲当地的养老院，这让他的四个子女大为不解——当时林家财政上周转不灵，急需几万元现金解燃眉之急，难道父亲就不该先解决自家的难题再去考虑别人吗？林东虽然目不识丁，却有着自己独一套的道理："我们来到这个世界，不是给社会增加负担的，我们要努力为他人造福，尽可能地发挥自己的作用。"子女们明白了父亲对慈善事业的用心。不久后，林家也解决了自己的债务危机。

林东一直相信，人都是有爱心的，但世间熙熙攘攘，许多人为生计整日奔波，无暇去关心那些需要帮助的人，但只要给他们一个激发点，他们就能迸发出惊人的力量。一个人做善事，改变的可能只有一点点，那如果大家一起做善事呢？

1994 年，谢冠豪、林东捐资 1500 万元兴建的坦洲镇林东小学

从家乡中山坦洲镇一路走到香港，林东帮助的人越来越多，想法也越来越多。如何激发大众的爱心，聚集大众的力量去帮助那些需要帮助的人，成为了他日思夜想的难题。

他决定成立一个专门做慈善的组织，把那些愿意做慈善的人组织起来，以此为榜样，号召大众做慈善。

1997年，在众人的帮助下，林东本着"以国为主，以民为本，慈善报国"的宗旨，在香港创立了东井圆佛会，并制定了社会公益服务的三个方向：兴学育才、赠医扶幼、资助需要帮助的侨胞。比起一般的以僧侣为主体的佛会，东井圆佛会更像一个现代化的慈善组织，大家因慈善而相逢。

"留有余之地以还国家，留有余之财以还造化，留有余之禄以还社会，留有余之福以遗子孙"，这是林东常挂在嘴边的一句"名言"。作为神威东井圆佛会的会长，他立下走遍中国重点扶贫区，尽己之力扶危济困的宏愿。他身体力行，不顾高龄，足迹踏遍神州大地，并以其崇高声望，通过各种途径在港澳、海外筹集资金，赴内地建校兴学、援助公益团体。几十年来，林东的足迹遍布各省区的穷乡僻壤，他个人捐资兴办教育及社会福利事业的资金超过一千万元，发动亲友、热心人士捐款超过四千万元。

"我不是有钱人，我也有自己的事业，但把金钱和精力投在慈善事业是值得的。"

也许是幼时想读书却没条件的心酸在林东的生命中留下了深刻的印象，他总是特别注重在教育方面的投入，立志不让自己当年对教育求而不得的遗憾和悲剧在今日的孩子身上重演。为此，他始终怀着一颗慈悲博爱的心，不辞劳苦，以年迈之躯，天南地北地奔波，筹资兴建学校，广设教育资金，尽自己最大的努力去改变许多孩子"面朝黄土背朝天"的命运，并成功地让成千上万的失学儿童重新拥有了读书的机会。

中山市坦洲镇中心小学是一所具有70多年历史的老学校，但面临着资金不足、校舍老化的问题。到1994年，学校有一千多名学生，校园占地面积却只有五亩，建筑面积不到两千平方米，校园内没有教学配套用室，教学楼甚至被列为一级危楼。

林东得知后，二话不说，承诺要兴建"一座现代化的好学校"。

林东首先捐出自己34.42万元的全部积蓄作为教育基金，再去发动港澳地区的热心人士捐助。如今，一座汇集社会各方捐助的省级规范化学校——中山市坦洲林东小学已经屹立在坦洲镇中心地段。2009年，在林东的带领和众多善心人士的热心支持下，东井圆善苗之星助学基金在坦洲林东小学成立。与此同时，中山港口镇中心小学的图书馆也以林东善苗之星命名，河源市莆田镇久社中心学校"善苗之星"教学楼也于2009年底正式揭幕。"善苗之心"项目的逐一落实，体现了林东扶幼育苗的一番苦心。

"一个人没有文化，就如同没有心脏一样。我没有念过书，但希望贫困的孩子拥有读书的机会。"林东把大部分精力花在对贫困地区的校舍建设上，他积极支持中国华侨联合会的"侨心工程"，在国内多地捐建了希望小学，帮助众多失学儿童圆了上学梦。除此之外，他还将善款捐给幼儿园、敬老院、伤残人士组织、慈善机构等。"有桥才有路"，林东希望未来侨联能引进更多海外中华民族的力量，让更多有需要的人得到帮助。

林东对慈善事业一掷千金，但他的起居饮食却十分朴素。除非出席重大场合，他平时绝不会给自己置办名贵衣物。一件白汗衫洗得泛黄了还会继续穿；上衣下摆有了破洞，他就把它掖进裤子里；脚上一双旧皮鞋早已"服役"多年，他擦擦灰尘又继续穿着走上漫漫征途。他的衣柜里放的全都是别人送的衣服，有时候收到特别好的，他就送给其他更有需要的人。

"孩子们很心疼我，有时候过年送给我一件新衣、红包，我知道他们是敬重我，但我还是全部捐出来给老人和孩子。他们给我的钱，我也捐出来给老人，将他们的名字都写上去。越来越多的人跟随着我，越来越多的人都加入到了慈善公益事业中，这才是我最欣慰的地方。而我们帮助的地方是海内外都有，哪里有困难的地方，知道的都要去。越是困难的地方，越是要去帮。"

林东每次到内地考察，食宿、交通等一切费用都自己付款，从不麻烦当地单位。他还有一个习惯——无论在哪里吃饭，吃不完的饭菜一律"打包"，带到下一顿继续吃，从不浪费。旁人笑他明明不缺钱还这么"抠"，但他却总有自己的一套道理："如果那些在大酒店里吃饭的人少浪费一个菜，用巨款养宠物的人省下一份宠物用品，大家一起用实际行动来帮助那些上不起学的孩子和为吃饭发愁的弱势群体，才能真正体现一个人的价值。有一份博爱之心就会赢得千百份的尊重。"

林东（中）与坦洲林东小学的孩子们

桃李不言，下自成蹊。在林东的济世精神和高尚人格魅力的感召下，在他无私奉献的善举带动下，越来越多的有识之士纷纷加入他的慈善组织。

2007年，为了关注内地留守儿童的生活实况，林东配合《中山商报》的活动，带领20多位亲朋好友前往山区实地考察。在得知山区留守儿童生活艰苦仍奋发学习的情况后，随团一位9岁的小朋友拿出自己15000元的奖学金和压岁钱，捐助给山区的小朋友。这一善举触动了同行的大人，大家纷纷慷慨解囊，即日就筹得了超过七万元的善款。

林东有许多闪光的金句。他说，"努力靠自己，帮人就是帮自己"，"勤有功，戏无益，懒惰会走向灭亡"，"要爱护国家，爱护家庭"，"要团结，有国才有家"，"态度改变命

林东（右二）和留守儿童聊家常。（吴飞雄摄）

运，和谐是不用钱买的"，"做事点点用心，乐在其中"。

在"2005 慈善中国"大陆慈善家排行榜评比中，林东荣获"最无私奉献奖"。翌年又获授予"2006 爱国报国事业先进人物"荣衔。2007 年和 2008 年，他又连续两年被民政部等机构评为"中国十大慈善家"之一。2009 年在建国六十周年国庆节前夕，他获选为"影响中华公益的 60 位慈善家"之一。2010 年获聘为中国侨联中国华侨公益基金会副会长。2011 年获中华慈善总会颁发的中华慈善爱心人士称号。2011 年获中山市政府颁发逸仙奖金奖。2011 年获 中山市委中山市人民政府对口支援汶川县漩口镇恢复重建工作突出贡献奖。同时获"ATV2011 感动香港年度人物"，2014 年获中国慈善事业特别贡献奖、2014 年最具影响力中国人物。

蔡氏父子与中山市华侨中学

在中山市，有一所占地 310 余亩，拥有八千多名师生员工，中山市办学规模最大的完全中学——中山市华侨中学。

这所学校被上级有关部门授予广东省首批省一级学校、首批国家级示范性普通高中、中华文化传承基地、省中小学心理健康教育示范学校等荣誉。这一连串耀眼的成绩背后，是中山海外乡亲和港澳同胞对该校的大力支持和无私贡献。蔡继有和蔡冠深父子更是以自己对家乡教育事业的满腔热忱，谱写了一曲兴教助学的动人篇章。

蔡继有，1928 年出生于中山市张溪乡。蔡家世代务农。十一岁那年丧父后，蔡继有便与母亲郑二相依为命。

为了担起家庭的重担，小小年纪的蔡继有到一家鱼类批发行做工。20 世纪 50 年代初，他开始自立门户做小鱼贩。1954 年，蔡继有举家赴澳门定居，全家挤在一间租来的斗室之内，次子蔡冠深便在这样的环境中出生。

港澳地区海产丰富，所产鱼虾比其他地区的更为鲜美。嗅到商机的蔡继有决定再次举家迁往香港西环，并在西环贝介栏市场开设"华记栏"，专营海鲜批发。凭着锐利的眼光和诚信经营的准则，蔡继有的生意逐渐红火起来，华记栏也成了当地数一数二的"海鲜栏"。

就这样，蔡氏家族赚到了"第一桶金"，一个小小的收鱼铺很快便发展成了在香港和澳门分别拥有四千平方尺和一万平方尺的大型海产急冻加工厂——华记冻房，未来海产业界的庞

蔡继有（左）、蔡冠深父子

然巨物"新华集团"从此有了一个朦胧的外形。

　　了解到当地市民嗜食鱼虾，且比澳门人拥有更高的消费能力后，蔡继有决心要把"华记栏"往更高维度发展。经过多年的精心经营，从捕捞到销售，从养殖场到船队，从冷库到工厂，蔡继有的"海产王国"逐步成型，建立起涵盖加工、批发及分销的完整的海产业务链。1965年，蔡继有果断将"华记栏"和"新亚贸易公司"合并，创办"新华海产"。

　　蔡继有深知，海产生意要做大，必须走向世界，特别是日本、韩国等东亚国家。蔡继有把"颇有自己年轻时风范"的次子蔡冠深送到日本留学，直接观摩国际海产市场的风云际会。

　　1975年，新华集团已经依靠海产业建立起自己的财富，在香港、澳门各拥有一个工厂，在越南拥有三个工厂。港澳两地所有的捕捞船队一天的总渔获的50%会被送往新华集团。集团冷冻水产品在东南亚排在前列，大量的业务让蔡继有感到独力难支。正在日本升读大学课程的蔡冠深被蔡继有召回国内，一步步学习接管父亲的"海产帝国"。

"少当家"蔡冠深沿袭了父亲的许多优良品质。由于少时贫寒，蔡冠深只能靠公援读书，但他不甘人后，力争上游，在学校一直都是品学兼优的好学生。在日本辍学回国后，蔡冠深被迫从头做起，成为一个没有固定工资，每月只有千把块交通费的"打工仔"。他每天穿着水靴，往来于码头和鱼档之间，从看货、讲价到急冻鱼虾的操作，事事从头学起。

"清晨4时起床，5点到西环市场买货，7点回到工厂做加工，然后再做销售，一直做到晚上9点才回家休息……一年到头，除了大年初一至初三，几乎天天如此。"

尽管如此，蔡冠深仍在工作之余到香港报读了大学课程，企业管理、金融财务一科没落下。

"香港有钱人很多，可他们的后代花天酒地的不少，我希望自己的孩子能够踏踏实实地干事，干干净净地做人。"多年后，蔡冠深回头再看这段往事，才真正体会到父亲这句话背后的良苦用心。

"海"的事业，不仅令蔡氏父子的财富迅速增长，更使他们的眼界不断开阔，新的难题也在不断出现——单一的海产品买卖积聚了大量的现金，如何高效地把这些现金运转起来创造更高的效益成为蔡氏父子眼前最为紧要的事。

房地产业似乎是当时最优的选择。1977年，在父亲的支持下，不到20岁的蔡冠深独自回到澳门，组建新基地产，迈开"新华集团"转型的第一步。

1977年，澳门拍卖首幅官地。澳门诸多地产商云集，赌王何鸿燊也亲自到场。蔡冠深坐在一个不起眼的角落里，代表新华集团参与竞投。

叫价声从 330 万葡币起，当竞价到 400 万时，场内开始沉寂下来，几乎没有人继续竞争。这时候，蔡冠深开始举牌："401 万！"

"当时我后生仔不懂事，穿了一件短袖的夏威夷恤衫，一到便举起了手。"虽然表现得很大无畏，但蔡冠深心中多少有些忐忑：叫价比别人高，中标几率自然大，但叫价如果就此一路攀高，说不定就会触及亏损底线，到时候岂不是得不偿失？

"不过，当时有一种感觉很清晰：只一万一万地上涨叫价，将亏损的危险可压到最低点。"凭着一股初生牛犊不怕虎的锐气，蔡冠深最终以 411 万葡币投标中的。在落标后签署法律文件时，澳门当局官员才发现这个后生仔刚满 20 岁。

"那段经历对我而言非常重要，在这之前我都是在前辈的指导下才能工作，这次却是独立操作竞价，前辈们也借此考验我是否能成熟起来独当一面。结果是我成功了。"

崭露头角之后，新华集团凭借着雄厚的实力和充裕的资金，在港澳和东南亚地区不断拓展地产业务。但是在不同的地区，它有不同的策略。在香港，新华集团没有与本地大地产商硬碰硬，而是采取迂回的策略，在港岛主要地段购买整栋楼宇，以收租为主。

1982 年，父亲蔡继有宣布半退休，25 岁的蔡冠深正式执掌新华集团，坐上行政总裁之位。1992 年，他与一位日商谈判八个小时，迅即拍板以两亿港元从对方手中买下一栋豪宅，几年后账面获利逾四亿港元，在香港地产界传为佳话。

海产和地产很快便成为新华集团的发展之重。为了更好地适应市场，在变幻诡谲的商海中寻求发展之机，将新华集团带上一个新的高度，蔡氏父子在审视了自身的优势和不足后，对新华集团做了一些战略性的调整。

第一步，将新华集团的重拳产品——海产品推向国际化，将集团的香港、澳门生产线逐渐转移到越南、缅甸、柬埔寨和新加坡等地。与此同时，蔡冠深又在内地的珠海、大连、上海、天津、湛江等地，分别投资组成捕捞船队、水产养殖场及冻虾加工厂，力求把有限的成本投资效益最大化。

如今，新华集团的海产业务，从最开始的海产批发零售、船队捕捞、养殖加工、冷冻运输等，发展到海内外贸易、超级市场、海产半加工乃至更为普遍的餐饮行业。在香港、温哥华，当地超过五千间食肆酒店及超市的海产品，由新华集团提供。

在发展水产事业的同时，蔡氏父子没有忘记自己的另一重拳产业——房地产。在澳门房地产界站稳脚跟后，北望神州，蔡氏父子的目光投向了承载了满满希望的国内市场。

从1990年起，新华集团开始把房地产业务从澳门延伸到香港及内地各城市。如今，在广州、中山、鹤山及北京、天津、沈阳等地都有新华集团旗下的地产项目。这些项目给新华集团带来了事业的全新发展，更为当地的经济建设注入了活力。

2017年，"粤港澳大湾区"首次被写入政府工作报告，进一步深化粤港澳融合，随着港珠澳大桥、深中通道等大型基建项目相继落成，虎门二桥通车，将大大提升南沙的经济地位，毗邻珠海的中山翠亨新区也将直接成为受益区。蔡冠深早已看出其中的玄机，目前新华集团已经在南沙设立科技研发中心以及金融公司，并积极考虑在中山进行投资布局。

另一方面，蔡氏父子也没有放弃潜藏着大把商机的国外市场。目前，新华集团是越南最大的私人地产发展商之一，在越南的旗舰物业包括胡志明市的新华集团中心及西贡明珠。近年还积极开拓柬埔寨房地产市场，项目包括金边新华国际金融中心及新华胜利城。

20世纪80年代中期，新华集团开始进军金融业。1985年，蔡冠深创办新和财务（香港）有限公司，试水金融业，公司主要从事楼宇按揭、建筑贷款等。1990年，新和财务与加拿大CDNX交易所上市公司"汇富国际"集团合作，成立"汇富金融"集团，致力发展企业融资、证券经纪、资产管理等全方位金融业务，并在1998年成为大股东。

2000年11月，"汇富金融"在香港联合交易所主板上市，

1980年蔡继有（左四）到美国檀香山为建设中山市华侨中学筹款，受到侨领谢月梅等人欢迎。（资料照片）

成为新华集团旗下第一家上市公司。

蔡氏父子白手起家的经历使他们深深知道知识的重要性。改革开放初期，他们认为只有树立好尊重人才、培育人才的榜样，才能更好地吸引到更多更好的人才。改革开放后，蔡氏父子便与国家的科学教育事业结下不解之缘，全力支持国家的科学教育事业发展。

一开始，蔡氏父子只是单纯地资助国家科学教育事业发展。

1979年，内地刚刚开始改革开放，蔡冠深便随着父亲蔡继有一起回到了故乡中山。在同乡的带领下，他们来到正准备复办的中山县第三中学。"一幢斜楼，几间平房，椅残桌破"，看着这简陋的校舍和幼童求知若渴的眼神，父子俩一阵心酸。

这所学校是1954年9月，由檀香山归侨陈茂垣牵头发动华侨捐资创办的，校址位于石岐元兴街1号，时称"石岐市华侨中学"。1959年1月，创办于沙涌上塘村的中山县华侨中学并入该校，统称"中山县华侨中学"。"文化大革命"期间，学校一度停办，校名曾先后改名为"中山县红旗中学"、"中山县红卫中学"、"中山县第三中学"。

为了让孩子们能更好地在学校里学习，蔡继有提出复办华侨中学，并且带头捐出巨款，然后发动港澳及海外乡亲筹集资金，设立"中山县华侨中学教育基金会"，把筹集到的大量资金用于学校建设。又设立校董会，与蔡冠深分别担任校董会董事长及副董事长。1982年3月，新校舍建成开幕，后更名为"中山市华侨中学"。

马文辉、郑亮均、吴桂显等知名人士出席中山市华侨中学复校庆典
（资料图片）

1979 年时的中山县华侨中学（资料图片）

从此，蔡氏父子对国家的科学教育事业建设的投入一发不可收拾。

在帮助中山华侨中学复校后，蔡氏父子又在家乡中山捐建了张溪郑二小学、张溪蔡继有幼儿园、中山新华科技专修学院等，深受乡人爱戴。

蔡氏父子还把捐赠目标由家乡扩大到全国。多年来，国内不少地方从幼儿园、小学、中学到大学均有蔡氏父子活跃的影子，可以说，蔡氏父子开启了国内"一条龙式"的捐建办学模式。

20 世纪 90 年代初以来，新华集团先后在中山大学、清华大学、中央民族大学、北京电子科技学院、复旦大学、南京大学、上海大学、东北大学和武陵大学等成立了教育奖励基金会，为发展高等教育事业和提高内地教育水平做了很多实事。蔡氏父子对国家的教育事业发展倾注了巨大的心血和感情，除了出钱、筹资外，他们还常常"出心、出力、出时间"。

1995 年 3 月，当了解到一些退休后的科学家在生活上存在困难，蔡冠深多次飞赴北京，捐资 500 万元人民币建立"蔡冠深中国科学院院士荣誉基金会"，并用基金的利息颁发中国科学院院士荣誉奖金（80 岁至 89 岁的院士每人每年 6000 元，90 岁以上的院士每人每年 12000 元），让他们能够安度晚年。中国科学院和时任院长的周光召先生对此表示十分欣赏。1995 年 6 月 8 日中国科学院成立四十周年之际，"蔡冠深中国科学院院士荣誉基金成立暨首届院士荣誉奖金颁发仪式"在北京人民大会堂隆重举行。国家领导人卢嘉锡、王光英、钱伟长、严济慈、赛福鼎、张劲夫和中科院、中国科协、国务院有关部委等负责人都出席了这次盛会。会上首次向 80 岁以上的老院士颁发了荣誉奖金，获得奖金的 115 名院士中包括了钱学森、金善宝、严济慈、何泽慧等一批科学巨匠。在京期间，蔡冠深还亲自上门拜访了这些德高望重的科学巨人，与不少科学家成为了忘年之交。

次年，蔡冠深又捐资 1000 万元人民币设立"蔡冠深行星科学奖"，奖励优秀天文科研成果。

蔡氏父子在内地的义举受到了国家领导人的赞许。1995年 6 月 12 日，蔡冠深代表蔡氏家族和香港新华集团在北京中南海瀛台接受了国家主席江泽民的单独会面。江泽民对他爱国爱乡和尊老爱贤的赤子情怀，给予了高度评价，并且勉励他：希望香港跨世纪一代年轻企业家能为祖国的建设大业、香港的繁荣稳定建功立业。蔡冠深表示自己会继续为祖国的公益事业和科技事业做出贡献。

进入 21 世纪后，东北地区开始了振兴计划。早已站在更高的起点上的蔡冠深看到正待开发的东北地区的发展优势。他认为：东北地区有很多资源和很好的工业基础，但是缺少更新的观念和优秀的管理人才。于是他前去拜会辽宁省领导人，商定在辽宁大学成立新华国际商学院。新华国际商学院还和英国德蒙福特大学莱斯特商学院合作，引进了国际师资力量，以全英语授课，为学院提供师资队伍、教学计划、原版教材、毕业文凭等，所有步骤和方法都力争做到与国际先进教育模式接轨。

近年来他对内地教育事业的关注亦扩展至学校人文设施建设上，如在暨南大学捐建博物馆，在南京大学捐建艺术馆，在上海大学捐建国际远程艺术交流中心，在复旦大学捐建人文馆及在东北大学捐建音乐厅。

1998 年，蔡冠深受聘于中国科学院，任院长经济顾问。随着与科教界的深入交往，蔡冠深决心带领着新华集团走到更高的起点，要把新华集团投入到新科技建设的怀抱。

1998 年，新华科技集团成立，新华集团继海产、房地产、金融、慈善后再次走向了另一个崭新的领域。蔡冠深相信"科教兴国"，也希望新华科技集团的成立能为国家作更大的贡献。

"香港回归之后，我们才开始投身高科技。"1998 年的香港刚刚从一场金融风暴中稍稍喘过气来，劫后余生的人们谈论得最多的还是房地产和金融，科技只是一个朦胧的概念。"1997 年那场亚洲金融风暴逼我思考企业的前景和出路，而香港回归给了我更广阔的思考和选择空间。以前，我们只能在香港这个非常有限的环境内发展房地产等传统产业。香港回归后，我们发现空间大了，视野广了，整个国家的资源、国家快速发展出现的商机，我们都有一份。回归对香港商人真是福气。"

眼见全球知识经济的到来，蔡冠深思考如何利用传统产业提供的经济基础，闯入高科技，进一步发展壮大企业。

1999 年，蔡冠深与中山大学合作，成立了中大新华软件有限公司。此后他又与中国中科院物理所、自动化所、软件所及南京大学、上海大学等建立合作项目，以促进内地的科技创新、金融管理，实现高科技产业化。他还与内地各高校合力培养国内的软件人才，在提供资金的同时提供了技术支持和各种信息。

2005 年，新华集团将自主开发、拥有知识产权的软件新华 Linux 的整套源代码，无偿捐献给了国家科技部。蔡冠深淡淡地说："我们不是以盈利为主要目标。"由于出色的软件技术和在科技方面的杰出贡献，在国内 Linux 产品市场上，新华 Linux 已成为一股重要的科技力量，并参加了国家信息产业部组织的对我国 Linux 标准制定的工作。2004 年，蔡冠深获得了中国软件行业协会颁发的"中国开源软件杰出贡献奖"。

2006 年，广东省政府牵头成立了"广东软件出口委员会"。蔡冠深受到组委会邀请，担任主席一职。蔡冠深坦言，从传统产业向高科技发展，难度很大，但他却对自己、对国家有着坚定的信心。

"我只有一个目标，那就是希望，中国有一天能成为科技强国，实现我们几代人的强国梦。"

即使身在港岛，蔡氏父子从来没有忘记自己中国人的身份，他们发展经济，投身公益，对特区政府满怀信心，"誓与香港经济共进退"、"为祖国的建设大业、香港的繁荣稳定建功立业"。面对多变的形势，蔡氏父子更对国家充满了信心。

2007 年 10 月 27 日，蔡继有因病逝世。蔡冠深继承其父遗志，更努力致力于加强香港与内地之间的融合，实现经济文化上的双赢。

近年来，蔡冠深一直积极推动将香港融入"十二五"规划，在 2010 年全国政协第十一届三次会议上，他牵头提交《关于国家"十二五"规划香港长远发展战略的建议》的提案，获得来自不同界别的 50 多位港区全国政协委员的联署支持，以及中央有关部委、广东省政府的关注。令人欣喜的是，在通过的"十二五"规划中，首次将港澳发展作为独立章节设计，中央给予香港三方面的"支持"，对港澳发展的重视程度超过以往。

蔡冠深提出，不论香港的中小企，或者海外的华人工商团体，此刻保持的态度应是"因势利导"。香港的中小企业应尽快令自己适应市场及政策带来的冲击，展开更多、更有效益的经济互惠互利活动，协调资源配置、提升专业服务、强化品牌创新和开拓内需市场等。因此，要协助更多的中山及香港及内地企业，吸引更多海外企业参与中国内部的建设，扶持及协助更多的内地企业走向国际。

此外，蔡冠深还认为香港和内地各有各的优势，香港的资本市场十分完美，不会因为内地扩大开放失去竞争力，内地超过五成的外商直接投资（FDI）来自香港，而内地超过五成的对外直接投资（OFDI）也要途经香港。很多内地的企业家进行海外上市之前，首先会来香港上市。香港依然保持着自己的竞争力。另一方面，两地在很多方面可以进行合作，香港和内地就是一体化。他衷心期待着香港与内地走向共赢的那一天。

回首过往，蔡冠深一路走得光彩、坚实、有价值。瞩目未来，蔡冠深说："我感觉自己作为一个企业家，透过发展过程中自身素质的提高、营商视野的拓宽，已经逐步成熟起来。现在我的关注点不再是以企业利益为主，而是着重考虑国家、民族的利益问题。"

"我父亲一代也是从内地来的，到香港五十多年了，今天说我们是香港人，实际上我们也是内地人。"

粤港澳大湾区的左邻右舍

香港回归，澳门回归，粤港澳三地合作出现了前所未有的新机遇。

粤港两地自古互联一体，都属于同根同脉的岭南地理板块和社会区域。香港、澳门回归后，粤港澳三地的经贸合作出现以下几方面的转变：一是从民间的自发、被动的有限合作向由政府有意识地推动的全方位合作转变；二是从以劳动密集型制造业为基础的"前店后厂"式的合作格局向以自主创新和资源优化配置为中心的分工合作方向转变；三是从优势互补、比较贸易向共同市场转变；四是从单纯的经贸合作向社会经济发展的有关各方面领域的合作转变。

处在粤港澳三地中心区域的中山市，在与香港交流合作中出现了前所未有的高潮，也面临前所未有的机遇。

《框架协议》让中山与香港牵手

2003年，内地和香港签订了《建立更紧密经贸关系的安排》

（CEPA），广东与香港之间的合作遂全面展开。2008 年初，国家发展和改革委员会出台《珠江三角洲地区改革发展规划纲要（2008–2020 年）》后，经过十年的竞争和磨合，港粤官方就两地的定位达成了共识，在金融方面以香港为龙头，带动广东省的现代服务业。这既有助于提升香港国际金融中心地位，又有利于粤方融资和贸易、合作互利。香港只有融入珠三角地区，才能建设以香港金融体系为龙头的金融合作区域，才能与广东携手打造具有国际竞争力的城市群，形成世界级新经济区域。广东省委、省政府在 2009 年 8 月 19 日也出台了《关于推进与港澳更紧密合作的决定》，粤港合作逐渐走上快车道。

2010 年 4 月 7 日，为落实《珠江三角洲地区改革发展规划纲要（2008—2020 年）》《内地与香港关于建立更紧密经贸关系的安排》（CEPA）及其补充协议，促进粤港更紧密合作，广东省人民政府和香港特别行政区政府签署了《粤港合作框架协议》。协议在经济、社会、文化、民生方面对广东省和香港两地的角色分工作出清晰的定位，在环境、医疗、养老、教育培训等方面，协议提出多项构思，列出六个发展定位，如"世界级新经济区域"、"金融合作区域"等，首次清楚罗列粤港双方的分工和互补，可以遏止过去香港和珠三角地区重复投放、浪费资源的情况。《粤港合作框架协议》使广东和香港的全面合作向深度和广度发展。

《粤港合作框架协议》正式出台后，中山市及时设立了由 43 个成员单位组成的中山市《推进落实粤港合作框架协议》联席会议制度，分管市领导任第一召集人，副秘书长、港澳事务局局长任召集人，办公室设在港澳事务局，港澳事务局局长兼任办公室主任，并制定了《中山市推进落实〈粤港合作框架协议〉分工方案》，明确成员单位的任务分工，为更好地凝聚工作合力提供了制度保障。2011 年，又推动成立了由市长任组长的"中山市粤港澳合作专项工作领导小组"及"中山市粤港澳合作专项工作促进小组"，实施专项拨款，港澳工作上升为市政府"一把手工程"。

在中山市政府的统一领导下，中山与香港的合作从以前注重经贸合作向社会经济文化全方位合作展开。

从中山外事侨务局 2010 年与 2011 年两年中山与香港交往的记录，可以看到两地人员、经贸、文化全方位的交往与合作：

——2010 全年接待香港、澳门特区政府重要官员 6 批 42 人次。3 月，市外事侨务局（港澳事务局）协助市委书记陈根楷率队赴香港、澳门拜会两地多位官方人士。香港驻粤经贸办主任郑伟源先后三次率队前来中山市参观考察，寻找合作项目。

——2010 年接待香港广东社团总会慈善基金访问团、香港屯门 2009 杰出义工交流团等香港民间团体，在社工服务、教育、福利事业等领域进行交流香港东华三院下属的李嘉诚中学与中山市华侨中学签署《教育交流合作意愿书》，正式缔结为"姐妹学校"。4 月，市领导冯梳胜、韩泽生率经贸、科技、教育等部门领导赴港拜会香港理工大学管理高层，探讨教育（职业）培训、医药科研、新能源开发等项目的合作。

——2010 年，中山市外事侨务局（港澳事务局）协助港澳社团举办春茗敬老、就职典礼、会庆联欢等活动 30 多次，接待回乡港澳社团及乡亲 40 多批 2600 多人次。推动成立香港中山西区联谊会、香港中山青年联谊会等 3 个港澳新社团，旅港中山社团增至 33 个，旅澳中山社团增至 16 个。2—3 月，市外事侨务局（港澳事务局）发动和组织 44 个港澳中山社团的 60 多位社团首长参加广东省政府在香港和澳门举办的新春酒会。9 月 17 日晚，市外事侨务局（港澳事务局）与中山市雅居乐物业管理服务有限公司在中山凯茵新城盈翠湖广场联合举行"月是故乡明——中山海外侨胞、港澳同胞、凯茵业主迎中秋文艺联欢晚会"，来自美国、加拿大、澳大利亚、新西兰、日本、秘鲁及香港、澳门的 150 多位中山乡亲参加。加强与中山市荣誉市民联谊，1 月市政府举行市长与港澳乡亲、荣誉市民代表座谈会，3 月在"3·28"中山招商经贸洽谈会上为王少帅、陈卓林、陆倩芳和梁杰举行中山市荣誉市民授荣仪式，5 月市外事侨务局（港澳事务局）组织荣誉市民参加上海世博会，6 月市政府邀请 30 多位在港澳地区的中山市荣誉市民、港澳政协委员和社团首长回乡座谈，11 月举行中山市荣誉市民代表与中山市历届十杰市民代表联谊活动。

——2010 年 9 月 30 日，中山市推进落实《粤港合作框架协议》工作会议召开，正式成立中山市推进落实《粤港合作框架协议》联席会议，副市长韩泽生及各成员单位领导、联络员等 100 人参加会议。12 月 15—16 日，省港澳办副主任卢兴洲率领由省港澳办、外经贸厅、人民银行广州分行等单位组成的调研组前来中山市调研，检查落实 2010 年 5 月省港澳工作会议精神情况。16 日上午，调研组实地考察中山港资企业好来化工（中山）有限公司和东区盛景尚峰金融商务中心，了解中山市与港澳金融领域合作的成果以及港资企业在中山的发展情况。16 日下午举行座谈会，副市长韩泽生汇报中山市贯彻落实全省港澳工作会议精神及实施《粤港合作框架协议》情况。

进入 2011 年，两地的交往频率更密，层次更高，范围更广，气氛更热烈：

——2011 年，接待港澳官方来访团组 16 批 69 人次，组织官方赴港澳交流团组 19 批 154 人次。1 月 17 日至 19 日，市政府副秘书长吕东玲率市城管执法局、市城乡规划局、市港澳事务局等单位人员，赴港与香港食物环境卫生署等部门交流，参观卫生教育展览、资料中心和市容环境，考察学习香港在小贩管理、清洁服务、公众教育等方面的经验做法。1 月 17 日至 18 日，市政府副秘书长梁志军率市信访局、市港澳事务局、市民政局、中山市博睿社会工作服务中心等单位负责人赴港拜会香港社会福利署元朗区福利办事处、香港路德会社会服务处、基督教家庭服务中心等政府部门和服务机构，学习香港在培养、使用、管理社工及利用社工力量化解社会矛盾的先进经验。5 月 17 日至 18 日，副市长韩泽生率领市委政策研究室、市港澳事务局等部门领导赴香港拜会特区政府总部礼宾处，调研香港授勋及嘉奖制度，并与香港的中山市荣誉市民代表联谊。6 月 7 日至 8 日，香港特区政府礼宾处处长阮文海应邀访问中山，与市外事侨务局（市港澳事务局）领导交流礼宾工作经验。7 月 2 日，香港特区政府行政会议成员、立法会议员刘江华和香港沙田居民协会会长韦国雄率 600 人到访中山，参观孙中山故居纪念馆和广东龙的集团有限公司。7 月 24 日至 25 日，外交部驻澳门特别行政区特派员公署特派员卢树民到中山访问完美（中国）日用品有限公司，探讨援助云南省金平和麻栗坡两个扶贫县的事宜。8 月 6 日，由全国政协委员、香港民建联主席、香港立法会议员谭耀宗率领的香港民建联广东访问团一行到访中山，参观火炬开发区创新创意集聚中心和广东明阳风电产业集团。9 月 20 日至 21 日，香港投资推广署助理署长吴国才一行 6 人到中山市考察高科技产业，推动中山与香港的经贸投资合作。

——2011 年 7 月，香港中山西区联谊会组织 35 名香港中学生到中山举办为期 2 天的国情培训班，增进香港青少年的国情观念和乡情意识。8 月 5 日，香港九龙旺角街坊会理事会主席梁华胜率香港九龙旺角街坊会访问团一行 20 人到访中山，参观市文化艺术中心，与市文化广电新闻出版局、市文化艺术中心等部门领导交流座谈。8 月 10 日，市港澳事务局协助香港工会联合会东莞工联咨询服务中心主任邵建波到古镇镇海洲沙源村探访香港长者，了解定居于该镇的香港长者的生活情况，做好"向香港永久居民发放 6000 元生活补贴"的工作。9 月 3 日，在市政府的大力支持下，香港中华总商会和日本商工会议所在香港展览中心联合举办"温故创新——孙中山与梅屋庄吉"展览，展出 100 件珍贵史料，展现孙中山与日本友人梅屋庄吉的交往历史和珍贵友谊。同日，市港澳事务局、市饮食商会与香港帝苑酒店在香港联合举办中山美食节，这是中山市第 3 次在香港举办中山美食推介活动，来自石岐佬、金记、小榄公、一品御厨等中山多家知名酒店的厨师联手为香港市民献上中山特色美食。9月24日，由香港广东社团总会和香港理工大学联合组织的"寻访辛亥革命足迹之旅"在中山市启动，由113名香港理工大学学生组成的交流团参观了翠亨孙中山故居、火炬开发区创新创意产业中心和明阳风电集团。

——2011年3月18日，香港中山同乡会在香港西九龙中心龙庭楼举行庆祝该会成立56周年暨春节联欢敬老大会，中共中山市委统战部、市港澳事务局和市侨联等部门负责人到场祝贺，联络乡谊。3月23日，市港澳事务局派员参加由香港中山侨商会在香港会议展览中心大会堂举行的纪念辛亥革命100周年暨商会成立100周年庆典晚宴，参观"香山华侨与辛亥革命"图片展。6月29日，副市长韩泽生应邀参加香港新界乡议局新大楼开幕典礼，并拜访香港恒兴业集团有限公司董事长、太平绅士赵曾学韫，探讨在经贸、医疗及慈善公益事业等方面的交流与合作。9月1日，香港广东社团总会在香港会展中心新翼大会堂举办庆祝建国62周年、创会15周年暨第7届会董就职典礼。9月24日，香港中山社团联合会在中山市东区海港城举行庆祝建国62周年暨香港中山社团联合会成立15周年会庆及纪念辛亥革命100周年联欢晚会，省、市有关领导与33个香港中山社团的700位乡亲参加活动。

——在中山市外事侨务局安排下，中共中山市委书记薛晓峰赴港澳拜会何厚铧、崔世安、李少光、岑浩辉、张裕、蔡冠深等港澳特区高层官员和知名乡贤，推动中山与港澳的高层交往。6月17日，中山市召开会议专题学习《粤澳合作框架协议》，邀请省港澳事务办公室副主任廖京山深入解读政策精神。8月1日，市委常委、常务副市长谢中凡赴香港拜访知名乡亲、新华集团主席、香港中华总商会会长蔡冠深，双方就中山市翠亨新区发展和建设、举办辛亥百年纪念活动等问题进行交流。中山市文化、民政、共青团、火炬开发区等部门和镇区先后赴港，在教育、城市管理、社会福利、义工工作、授勋制度等领域开展交流。

2016 年中山市正式发文印制《中山翠亨新区金融业发展规划》，包含"科技金融"、"金融后援服务"和"粤港澳金融合作与创新"等建设领域和功能布局规划内容。启动总投资近 100 亿元的临海科技金融新城建设，第一期已正式动工建设，预计投资近 10 亿元；推动中瑞（欧）工业园及创新中心建设，积极申报"中山·翠亨创新中心众创空间"，力创新区首个科技企业孵化器。为了推进园区建设，8 月，翠亨新区作为重点园区参与中山市在港举办的现代服务业招商推介会。12 月，参与广东省在香港举办的广东省服务贸易自由化示范基地推介会。翠亨新区多次参与现场推介，受到香港与会人士的高度关注。

中山市确立创新驱动为核心发展战略，并提出在"十三五"期间提升现有高等院校办学层次与引进国际优质教育资源，以招才引智服务中山产业转型升级。围绕这一目标，中山市借助港澳的人才与智库优势，为中山市重点产业的提升与创新提供智力支援。中山市领导亲自拜会香港大学马斐森校长，探讨合作办学。香港大学副校长贺子森多次到访中山市，与广东药科大学（中山校区）达成初步合作意向。香港理工大学设计学院管理层多次到访中山市，考察镇区特色产业及我市创新创意类产业园，最终促成理大与广东游戏游艺文化产业城就"中山游戏游艺产业协同创新发展"项目签署战略合作协议。这是香港理工大学在中山首个签约的产业合作项目。香港职业训练局和中山职业技术学院互访，探讨合作领域和合作模式。

"粤港澳大湾区"谱写光明新篇章

2017年全国人大政协"两会"期间，国务院总理李克强在政府工作报告中提出，要推动内地与港澳深化合作，研究制定粤港澳大湾区城市群发展规划，发挥港澳独特优势，提升其在国家发展和对外开放中的地位与功能。

粤港澳大湾区地处中国南大门，毗邻东南亚，是中国经济最发达、最有活力的都市群之一。粤港澳大湾区城市群的发展，有望崛起为辐射东南亚地区和中国南部经济区的中心。

港澳回归以后，建设粤港澳大湾区城市群的想法由来已久。早在2010年的《粤港合作框架协议》中就已将建设环珠江口宜居湾区列为重点行动计划。2015年，"一带一路"国家战略中进一步提出"充分发挥深圳前海、广州南沙、珠海横琴、福建平潭等开放合作区作用，深化与港澳台合作，打造粤港澳大湾区"。

2016年广东省政府工作报告曾提出，"开展珠三角城市升级行动，联手港澳打造粤港澳大湾区"。到2017年全国"两会"，"研究制定粤港澳大湾区城市群发展规划"进入总理政府工作报告，粤港澳区域发展已经上升为国家战略，粤港澳大湾区作为中国经济新引擎受到世界瞩目。

2017 年 4 月 7 日，国家发改委制定印发《2017 年国家级新区体制机制创新工作要点》；2017 年 4 月 11 日，总理李克强回见香港新任特首林郑月娥时谈到，"今年，中央政府要研究制定粤港澳大湾区发展规划"。可以预期，未来粤港澳三地协同合作将达到新高度，全面提升珠三角区域整体国际竞争力，并有望成为世界一流城市群湾区。

呼之欲出的"粤港澳大湾区" 世界级城市群由"9+2"城市组成，即广州、佛山、肇庆、深圳、东莞、惠州、珠海、中山、江门九市和香港、澳门特别行政区形成的城市群。

世界顶级城市群大多分布在湾区，全球沿海地区的经济总量和人口主要集中在湾区。从城市竞争的角度，全球城市竞争力最强的一定是大城市群，大城市群的竞争力看湾区，尤其是各国沿海湾区。如美国旧金山湾区，由 103 个城市形成一个城市群，各个城市间是平等的，依托各城市自身优势，使整个湾区城市群成为科技经济的创新中心。

世界级城市群都有共同特点，即高聚集度，对内联系紧密，对外高度开放。世界著名三大湾区——东京湾区，纽约湾区、旧金山湾区，依靠极强的金融业和发达的科技业，GDP 总量和人均 GDP 极高。加上粤港澳大湾区后，世界上将有四大湾区。

中国符合上述特征的是"两江一海"，即环渤海经济圈、长江三角洲城市群和粤港澳大湾区。粤港澳大湾区，是由一个海湾或相连的若干个海湾、港湾、邻近岛屿共同组成的区域，相比较而言，更具竞争力，完全可以媲美世界三大湾区。

2016 年，粤港澳大湾区经济总量接近 1.4 万亿美元。2015 年、2016 年两年，广东的经济总量直逼西班牙，在全球约居第 15 位，在中国各省区市经济总量持续排名第 1 位。

2015 年数据显示，从世界角度看广东各城市的 GDP 后发现：广州 GDP 追赶新加坡，深圳 GDP 赶超香港，佛山 GDP 直追欧洲名城阿姆斯特丹，东莞 GDP 超越"赌城"拉斯维加斯。经济总量方面，中山与日内瓦、江门与爱丁堡并驾齐驱，弯道超车的肇庆与"工业革命重镇"利物浦相当。

"广州—深圳—香港"是粤港澳大湾区世界级城市群的脊梁，而广佛同城、深莞惠一体化、深汕合作、港珠澳的联通，都是围绕这个湾区展开。广州是华南区中心，拥有厚重的岭南文化；香港是世界金融中心之一，代表先进文明；深圳是中国金融科创中心，加之其民营、制造和高创能力突出，连接周边东莞、惠州、中山、江门湾区制造业等基地，将引领湾区硅谷起飞。

粤港澳大湾区交通网络日臻完备，截至 2016 年底，广东省公路通车总里程 21.8 万公里，高速通车里程 7673 公里，位居全国第一；港口码头泊位 2811 个，其中万吨级及以上泊位304 个；全省港口货物年通过能力达到 16.7 亿吨，位居全国第二，其中集装箱年通过能力达到 5948.1 万标箱，位居全国第一。

"十三五"期间，广东省港口将集群化。将整合优化粤港澳大湾区内铁路、公路、水路、民航等基础设施，形成粤港澳大湾区互联互通、辐射国内外的综合交通运输网，成为"21

世纪海上丝绸之路"国家门户。

至 2030 年，珠江口东西两岸将建设 12 条公路和铁路跨江通道。加快高速出省通道和粤东西北地区连通珠江三角洲的高速公路建设。规划 33 条出省高速公路，其中通香港 4 条、通澳门 2 条。

随着深中通道贯通、港珠澳大桥落成，深茂铁路和广佛江珠城际轨道通车，整个珠江三角洲将形成像旧金山湾大湾区一样的城市群，对周边城市区域的人流、物流、资金流辐射力大幅提升。

粤港澳区域的合作从过去几十年前店后厂的经贸格局，升级成为集金融中心、科创中心、先进制造业和现代服务业于一体的最重要的城市集群示范区；从区域经济合作，上升到全方位对外开放，引领"一带一路"发展国家战略。

2017 年 3 月 6 日全国"两会"期间，广东省发改委主任何宁卡建议，未来将仍六个方面重点发展粤港澳大湾区。

加强基础设施互联互通。形成与区域经济社会发展相适应的基础设施体系，重点共建"一中心三网"，形成辐射国内外的综合交通体系。

打造全球创新高地。合作打造全球科技创新平台，构建开放型创新体系，完善创新合作体制机制，建设粤港澳大湾区创新共同体，逐步发展成为全球重要科技产业创新中心。

携手构建"一带一路"开放新格局。深化与沿线国家基础设施互联互通及经贸合作，深入推进粤港澳服务贸易自由化，打造 CEPA 升级版。

培育利益共享的产业价值链。加快向全球价值链高端迈进，打造具有国际竞争力的现代产业先导区。加快推动制造业转型升级，重点培育发展新一代信息技术、生物技术、高端装备、新材料、节能环保、新能源汽车等战略新兴产业集群。

共建金融核心圈。推动粤港澳金融竞合有序、协同发展，培育金融合作新平台，扩大内地与港澳金融市场要素双向开放与联通，打造引领泛珠、辐射东南亚、服务于"一带一路"的金融枢纽，形成以香港为龙头，以广州、深圳、澳门、珠海为依托，以南沙、前海和横琴为节点的大湾区金融核心圈。

共建大湾区优质生活圈。以改善社会民生为重点，打造国际化教育高地，完善就业创业服务体系，促进文化繁荣发展，共建健康湾区，推进社会协同治理，把粤港澳大湾区建成绿色、宜居、宜业、宜游的世界级城市群。

粤港澳大湾区的产业发展将紧紧围绕研发及科技成果转化、国际教育培训、金融服务、专业服务、商贸服务、休闲旅游及健康服务、航运物流服务、资讯科技等八大产业。

在香港回归 20 周年之际，启动粤港澳大湾区的发展规划，对位于大湾区中心区域，历史上联系十分密切的中山与香港，无疑是一个利好消息。中山与香港未来前景一片光明。

附录：中山名人在香港

近代以来，由于得天独厚的地理位置和特殊的历史条件，香港成为内地学子前往国外求知学艺的重要桥梁。不少影响后世的（香山）中山名人在香港这片土地上接受与传统东方教育截然不同的科技知识，他们求知若渴，忠心爱国，学成后又充分利用自己所学习到的知识回报祖国，不约而同在香港踏上改造中国的历程。可以说，当时的香港正是中山人走出中山，走向世界的第一站。

走向世界的第一站

早在香港成为英属殖民地前，中山（香山）与香港就因为同属东莞县，加上两地地域毗邻，中山的乡民与香港的乡民彼此关系十分亲密。在当时，由于两地都是省内出名的渔港，而香港又濒临南海，渔获丰富，再加上独特的地形、宽阔的水道，中山的渔民常把香港作为渔港和船只的避风港。

19世纪初，西洋各国先后禁止了奴隶贸易，因此在西洋各国以及他们在亚非拉的殖民地就出现了劳动力真空，也就是"用工荒"。他们将目光投向了勤劳本分、价格又便宜的华工身上。当时大清国工商业不发达，人多工少，以渔农业为生的华南地区无法在大清的农耕社会求得生存。中山处于珠江三角洲，是千年商都广州的辐射区，但勤劳肯干的中山劳工还是吸引了洋商和"猪仔头"（当时华工被俗称为"猪仔"，买卖华工的中介就被称为"猪仔头"）的注意。

19世纪中叶，美国三藩市发现金矿，大批矿主需要劳动力帮忙淘金。很快，在洋商和"猪仔头"的游说下，从中山赴美的乡民如过江之鲫，形成了中山第一次出洋潮。在这期间，中山乡民中不论是以合约雇佣形式出洋，抑或是亲友援引出洋，由于当时的金矿招工馆设在香港，中山乡民一律经由香港或澳门两个港口乘搭轮船。

1871年，在容闳的多番周旋下，大清国政府终于点头成立"幼童出洋肄业局"，在沪、粤、港三地共招生120人，从同治十年（1871年）至十三年（1874年）四年间，每年派出30名赴美留学，从此掀起了一股留学风潮。

正是在这两股目的不同，目的地不同的风潮带领下，越来越多的中山人来到了香港这个往日只作渔船停泊之用的码头，展开了他们之前从没想过的人生历程。另一方面，香港这个过去默默无闻的小渔港，也逐渐出现了攘来熙往、船如流水、华洋混杂、贸商日盛的繁华景象。准备远洋或送亲友出洋、计划出洋或中途折返、重回故里或寻找机会的中山人，接踵而来。在香港的码头上，见证着一批批中山人在这里出洋，也见证着另一批中山人滞留下来，就地谋生——近现代中山人在香港留下了五光十色的印记。

近代曾以香港为舞台翩翩起舞的中山人，除劳工或小本生意经营者外，也有不少奋发经营、勤劳致富，成为当地巨贾豪商。如同治、光绪年间不断扩展出入口业务的香港歌赋街杨耀记商号，就是香山县翠亨村杨姓人开设的，其第三代孙即杨鹤龄。光绪二十年（1894年）孙中山再赴檀香山，创建兴中会后于次年回到香港，筹建香港兴中会支部，地址即在中环士丹顿道由香山人开设的乾亨行商号，主要领导人是孙中山、陆皓东、杨鹤龄。光绪三十一年（1905年）夏，孙中山在京创立同盟会后，于同年秋遣冯自由、李自重返港筹设同盟会香港分会，会址就设在由香山人郑贯公、卢信等开办的中国报社内。从此，各地的同盟会会员和革命志士前来联系者络绎不绝。后来，分会成立南方支部，由胡汉民、汪精卫担任正副支部长，也以此为联络地点。至宣统元年（1909年），为了保密安全，便在德辅道先施公司对门某楼，建立南方支部的新址，公开称"民生书报社"。随后南方支部又设立革命军统筹部，统筹南方各省。革命志士一批批，一群群来到这个基地和中心，了解革命形势，聆听革命道理，请示汇报工作以及领取革命任务等。在组织一次又一次起义期间，不少香山人穿梭来往于港澳及内地之间，也有一部分香山人因革命需要，留在港澳，成为永久居民。因此，旅居港澳的香山人，随着革命运动和经济活动的开展而与日俱增。据统计：仅光绪三十二年（1906年）至宣统三年（1911年）这6年间，仅香港一地，人口便净增12万人。其中香山人数以过万计。

不少海外中山华侨为了支持孙中山"驱除鞑虏，恢复中华"的革命，纷纷将海外产业转移至香港，就近筹募革命经费。辛亥革命成功后，建立民国，不少海外华侨又响应孙中山"实业救国"的号召，进一步将海外产业转移至香港，并以之作为回国投资的桥头堡或桥梁。其中最具代表性的首推侨居澳洲的香山华侨马应彪、郭乐、李敏周、蔡兴等四个家族。光绪二十年（1894 年）起，在澳洲经营农场、果栏的马应彪，先转移部分资产到香港设华信、永昌泰两间金山庄；并以之为基础，光绪二十五年（1899 年）正式开办先施百货公司，并着手向国内投资。光绪三十三年（1907 年），同样在澳洲经营农场、果栏的郭乐，将部分资产转移香港，开办永安百货公司，并着手向国内投资。民国 10 年（1921 年），在澳洲经营农场、地产的香山华侨李敏周，将全部资产转移至香港，同伯父李煜堂、李星衢合作，向国内投资，筹办上海新新百货公司。民国 14 年（1925 年），在澳洲经营百货业的蔡兴、蔡昌兄弟，将部分资产转移至香港，开办大新百货有限公司，同时着手向国内投资。

由于四大公司的创办人均原籍中山，公司吸纳的股东和员工大量来自中山乡亲，自然又有相当数量的中山人进入港澳。因此，二战后港澳地区的中山人仍有增加。特别是 20 世纪 60 年代初期，香港从战后作为欧美商品进入中国和东南亚的转口港开始向独立的工业化都市转变。这是香港经济发展的一次历史性转变，迅速建立起轻纺等劳动密集型的工业体系，再加上香港被吸纳为《关税与贸易总协定》成员，获得最惠地区待遇，为香港工业化提供极其有利的出口贸易条件。由于香港工业化迅猛开展，又带来本地的房地产业和金融业的蓬勃发展，促使香港出现六七十年代的经济全面起飞。这期间，不少原来在港澳定居或经商的中山人，把握时机设厂兴业或大力发展原来的实业，有的更成为港澳地区的豪商巨贾，甚至进入香港十大首富之列。

以上是一个多世纪以来中山（香山）人移居港澳历史的回顾。随着两次出洋潮和历次革命及战争的出现，旅居港澳的中山（香山）人不断增多。到20世纪90年代初，旅居港澳的中山乡亲同胞已达到30万。

继辛亥革命前后大批香山人涌进港澳地区以后，另一次卷入众多的中山人的移居潮要算是抗日战争时期。

民国27年（1938年），广州沦陷，大批原来定居广州的香山人移居香港避难。三年后，中山沦陷，又有更多的香山人移居香港避难，不少香山的商号、社团也随之迁移。据统计：从民国25—30年（1936—1941年）这五年间，香港一地便净增人口65万，其中香山人约占半成多。

民国34年（1945年），日本投降，二次大战结束，香港、中山相继光复。世界渐趋和平，海外航路恢复畅通，加上美国又废除排华法律，大批归国的华侨以及大批出洋寻找发展机会的人潮来到了香港这个港口，我国历史上第二次出洋潮就这样形成。不少香山人也因此滞留香港静待时机。

孙中山："香港乃我知识诞生地"

1923 年 2 月 20 日上午十一时，香港大学大礼堂聚集着四百余名师生。

孙中山先生身穿马褂，头戴毡帽，精神奕奕，在一片掌声中用英语开始了他的演说《革命思想的诞生》。他一开始便说："我有如游子归家，因为香港与香港大学乃我知识之诞生地。"他在演说中再次强调："此次返香港，如返自己家乡一式，因为从前在香港大学读书，其教育是在本港得来。今日乘此时机，答复各位一句。此句云何？即从前人人问我，你在何处及如何得到革命思想，吾今直言答之：革命思想，从香港得来。"

1866 年 11 月 12 日，孙中山出生于广东香山（今中山）。1879 年，孙中山远在异国谋生的胞兄孙眉借友人远行之机邀请父母到檀香山游玩，父亲孙达成不愿远离故土，母亲杨太夫人倒是思子心切，便带着年幼的孙中山一起漂洋来到了檀香山。

1883 年，孙中山乘轮船离开夏威夷，经香港转乘沙船回故乡。这是孙中山第一次到香港，就读于香港拔萃书院（今拔萃男书院）。

孙中山在香港接受现代教育，同时来往香山和香港两地，他回忆道："回忆三十年前，在香港读书，功课完后，每出外游行，见本港卫生与风俗，无一不好，比诸我敝邑香山，大不相同。吾于每年放年假，必返乡二次，每次约数礼拜。觉得在乡间在本港，确大不相悬别。"内地封建社会与香港殖民地资本主义社会的差异，使孙中山十分感触，更感到清朝统治的腐败黑暗，从而萌发了对清朝封建专制统治的不满，和盼望以后建立一个"良好政府"的朦胧理想。

课余时间，孙中山向牧师区凤补习中国文史，又结识了到香港传教的美国公理会牧师喜嘉理。三人关系极好，常常一起探讨圣经上的道理与人生感慨。

在香港中央书院毕业后，孙中山曾就读于广州南华医学堂，后进入了雅丽氏医院的附属医学院——香港西医书院。就学期间，孙中山已经不满足单纯学习西医知识，他广泛涉猎中西文化，通读达尔文的《物种起源》和《法国大革命史》等社会学书籍，希望从中找到解放中国革命问题的钥匙。由于涉猎群书，知识广博，同学们送他一个"通天晓"的绰号。他常常指着地图感叹："如此江山，付之非人，安能忍与终古哉"，忧国忧民的情怀溢于言表。

1887年，香港西医书院成立，孙中山成为首届学生之一。香港西医书院后来合并于香港大学医学院，成为香港历史最悠久的医学教育机构。因此，孙中山也是香港大学最卓越的校友之一。

1892年，孙中山以第一名的成绩毕业于香港丽雅英文医学书院后，在好友陈少白、尹文楷的帮助下开始了为期两年左右的在澳门、广州的行医生涯。

1895年1月底，孙中山到香港召集中山同乡陆皓东、杨鹤龄、黄咏商等好友建立反清革命组织兴中会总部，会址设在香港中环士丹顿路十三号，对外则挂"乾亨行"的招牌作掩护。坐言起行，兴中会刚一成立，孙中山与他的战友就筹划发动广州起义，试图以武力彻底推翻清朝政府的统治。可惜革命党人行事不慎，计划很快便因被人告密而流产，中山人陆皓东被清廷捕杀成为为共和革命牺牲的第一人。孙中山为躲避追捕，离开香港远走东瀛。港英当局不久后也迫于清政府的压力，借口孙中山的活动有碍于香港的地方治安与秩序，下达了禁止孙中山香港居留的驱逐令。

1905 年 8 月，中国同盟会成立，孙中山为同盟会总理；11 月，同盟会在香港设立分会。

1911 年 10 月 10 日，辛亥革命爆发，清朝专制统治被推翻。革命党在南京建立临时政府，各省代表推举孙中山为临时大总统，1911 年 12 月孙中山抵港转道回国。鉴于孙中山的巨大威望和辛亥革命的成功，英国政府终于收回禁令，不反对他在返国途中经过英属殖民地及香港等地作短暂停留。此前孙中山多次以不合法身份秘密潜返香港从来革命活动，这次终于可以自 1896 年以来第一次以半合法的身份返回香港。

1920 年 11 月，孙中山从上海转道香港回广州，重建护法军政府。途径香港时受到香港市民欢迎。当时码头上人头攒动，"欢迎孙大元帅莅港"、"热烈欢迎中山先生"的横幅和旗帜迎风招展，口号此起彼伏。

孙中山一行登岸后即赴九龙尖沙咀火车站，只见车站内外同样是人山人海。在当时香港经济不景气，华人备受歧视的情况下，广大香港市民对曾以香港为革命基地、历经艰险、首创民国、肇建共和的孙中山怀着特殊的感情。孙中山一行从香港乘搭专列到广州成立中华民国正式政府，5 月，孙中山就任"非常大总统"。

随着民国建立，孙中山的影响日益强大，迫使香港当局不得不重新考虑所持立场。1923年2月，孙中山到香港访问，港督司徒拔明确向孙中山表示了友好的态度。

在香港逗留的几天里，孙中山与香港各界广泛接触，加强粤港的经济合作，并得到香港各界的支持，发展广东的经济，巩固广东革命根据地。

郑观应：香港与《盛世危言》

"自中外通商以来，彼族动肆横逆，我民日受欺凌，凡有血气孰不欲结发厉戈求与彼决一战哉！……我之商务一日不兴，则彼之贪谋亦一日不辍。纵令猛将如云，舟师林立，而彼族谈笑而来，鼓舞而去，称心餍欲，孰得而谁何之哉？吾故得以一言断之曰：'习兵战不如习商战。'"这是近代商业名作《盛世危言》中的一段话。一百多年前，面对西方列强入侵，书中所倡"商战"，洞见治乱之源，富强之本，开启国人心智，震动晚清朝野，为当时的统治者开辟了一条对抗侵略者的新道路，更直接启迪了日后的孙中山和毛泽东。它的作者，就是中国近代著名维新思想家和实业家，中山三乡雍陌人郑观应。

郑观应是中国近代最早具有完整维新思想体系的理论家，揭开民主与科学序幕的启蒙思想家，中国近代实业家、教育家、文学家、慈善家和热忱的爱国者。1842年，他出生于广东中山一户私塾老师之家，本名官应，后又改为观应，别号杞忧生，有忧国忧民、杞人忧天之意。也许正是这股天生的忧虑让他写出旷世烁金的《盛世危言》。

香港对于郑观应是一个寄托了复杂情感的地方，它让郑观应自豪于它是郑观应参与抗击列强的舞台，同时也是在这里，郑观应卷入追赔案被太古轮船公司拘禁半年。

无论在什么朝代，军务与商务总是密切相关的，郑观应出色的军务处理能力正是得益于他在商务中建立起来的信誉、人脉与才干。

1884年春，中法之战正酣，法军势如破竹，屡败清军。为替抗法战争出一分力，当时在上海轮船招商局已经如日中天的郑观应自荐并带着朋友王之春的推荐函接受了粤东防务大臣彭玉麟的差委，来到广东军营听差。

到达军营后，郑观应接到的第一份差事，就是到香港交涉提取驻德公使李凤苞从德国购回却被港英当局扣押的25门大炮，那是郑观应第一次踏上香港这片土地。据史料记载，彭玉麟之所以派郑观应前往香港斡旋，是因为当时的两广总督张树声认为郑观应"通达交涉事宜，于香港尤为熟悉"。郑观应不负所托，顺利提回被扣大炮。上面提到这是郑观应第一次抵港，那张树声又为什么会在信函中写道其"于香港尤为熟悉"呢？对此，历史上争论甚多，普遍认为是在1883年冬郑观应曾因对招商局的整顿颇有成效，被派接替徐润任轮船招商局总办，随即便到南洋一带考察航运之故，但考察途中是否有涉足香港，历史学家们仍未争出结论。但从宏观角度来看，1884年春的香港之行，是郑观应实践以商从军救国的第一步。就是从这里，郑观应开始了他一边经商富国，一边从军救国的"两条腿"生涯。

很快，郑观应就在上峰的指示下，以香港为中转站过起了斡旋于各地的生涯。然而，命运的考验很快便降临在郑观应的头上。1884年，郑观应被织布局案和太古轮船公司追赔案所缠绕。

1885年初，为筹办防务积极奔走的郑观应转道香港，准备从香港往汕头、厦门察看海防形势时，被太古轮船公司以引保人亏欠有偿还义务的法律拘禁于香港。在好友的建议下，他选择了"报穷"，宣布破产，同时以各种生意折抵外加5000两赔银来偿清债务，直到五月底郑观应才最终得以解脱。这是郑观应一生中在香港停留最久的一次。这次事件也对郑观应的人生轨道产生了极大的影响。

经此一役，郑观应心力交瘁，不得不退隐澳门，将全部精力用于修订重写《易言》。1894年，影响中国百年的33万字巨著《盛世危言》问世，这本书的主题和郑观应38岁著述的《易言》一样，主张富强救国。不同的是，在这本书中，郑观应对政治、经济、军事、外交、文化各方面都有了更成熟的认知，并在此基础上提出了一系列切实可行的方案，给病入膏肓的晚清政府开了一套药方。

《盛世危言》大受好评，广泛传阅，让郑观应的思想如一道光般射入晚清知识分子们的思想，改变了晚清政府对西学和洋务的看法，促成了康有为、梁启超的戊戌变法，但没有能够改变晚清的命运。郑观应的思想又影响了孙中山、毛泽东等一代政治家和革命家。孙中山领导人民推翻了旧中国，推行三民主义；毛泽东领导人民建立了新中国，走中国特色社会主义道路。在这些划时代的壮举中，郑观应思想的光辉在闪烁——而这一思想的最终完善到《盛世危言》的问世是与郑观应在香港的经历分不开的。

容闳：在香港起步的留学第一人

第一个毕业于美国耶鲁大学的中国留学生，中国留学生事业的先驱容闳，是在香港走上赴美留学之路的。

1828年，容闳出生于广东香山县南屏村，原名光照，族名达萌，号纯甫。

清末洋务运动中，他因促成并且经历了两件大事而彪炳史册。

1835年，容闳随父亲到澳门，就读于由德国传教士郭士立夫人所办的，当时仍附设于伦敦妇女会女校的马礼逊纪念学校，并由其教导。1839年，中英关系紧张，郭夫人因此离开澳门，但容闳仍在学校就读。同年，美国教育家勃朗牧师抵达澳门，马礼逊纪念学校正式独立。其后学校一度停办，容闳也因父亲去世，只得返家往来于本乡和邻镇间贩卖糖果以补贴家用。1841年，在郭夫人旧友霍白生医生的帮助下，容闳回到马礼逊纪念学校继续学业。1842年，香港被割让给英国，马礼逊纪念学校迁往香港，容闳亦随学校迁往香港继续学业。1847年，勃朗校长夫妇回美治病，容闳也随之赴美，就读于当时在美国颇负盛名的孟松预备学校，从此开始了他作为中国留学生在美国不断学习，为了早日使"西方之学术，灌输于中国，使中国日趋于文明富强之境"实现而不懈奋斗的求学史。咸丰四年

（1854年），容闳以优异的成绩从耶鲁大学毕业，获文学士学位，其后返回中国。

容闳在美国留学期间，目睹了西方科学技术发展的成就，主张"西学东渐"，大力鼓吹学习西方的现代科学技术。

同治二年（1863年），他到安庆拜见曾国藩。同治三年（1864年）冬，受曾国藩委派，为筹建江南制造局赴美采购机器，次年回国。所购一百多种机器，成为第一个洋务企业——江南制造总局的主要设备。容闳先后翻译了《地文学》《契约论》等书，为当时兴起的西学提供了教材。同治四年（1865年）9月20日，李鸿章在上海设立江南机器制造总局（又称江南制造总局、江南制造局、上海机器局、上海制造局）。这是清政府洋务派开设的规模最大的近代军事企业。同治五年（1866年），容闳向曾国藩建议，在江南制造总局内设立兵工学校，培养机械工程技术人员，成为中国第一家培训兵工技术人才的学校。

同治七年（1868年），容闳向清政府提出以选派幼童出洋留学为重点的四项条陈。同治九年（1870年），在容闳的反复劝说下，曾国藩终于表示愿意向朝廷奏请派留学生。获得朝廷的批准后，同治十年（1871年）8月成立"幼童出洋肄业局"，由陈兰彬任出洋局委员、容闳为副委员。陈兰彬负责留学学生在美期间的中文学习，容闳则负责孩子们在美国的教育，直至同治二十年（1881年）清政府撤回留学生为止。

由于容闳首倡、策划、促成和领导，近代中国第一代官费留美学生学有所成。除早亡、留美不归和埋没故里者外，他们大都在不同的岗位上为中国的现代化做出了应有的贡献。容闳

并在国内大力推广新式教育,因此也被称为"中国留学生之父"、
"中国新式教育的催生者"。

苏曼殊:从香港走上"出家"之路

1904年1月的一天,一个衣衫褴褛的穷和尚拖着沉重的
脚步年轻人来到了香港《中国日报》报馆。他就是几个月前不
辞而别,到惠州削发为僧的天才诗人苏曼殊。

有人问他:"披剃以来,为什么还多忧心之叹?"他答道:
"今虽出家,以情求道,是以忧。"

苏曼殊原名苏戬,字子谷,后改名玄瑛,广东中山县恭常
都沥溪乡人。1884年农历八月十日出生于日本横滨。

苏曼殊的父亲苏杰生,是一位在日本经商的华侨。他有一
妻三妾,育有三子:长子苏焯,为第一个妾河合仙(日本人)
所生;次子苏火昆,为正室黄氏所出;三子苏戬,即苏曼殊,
也是河合仙所生,与苏焯是同父同母。

1889年,苏曼殊六岁,随同黄氏回到故乡沥溪。次年,
进入乡塾读书。1896年,曼殊同他的姑妈一起到上海,与父
亲及大陈氏(苏杰生的二妾)同住,并开始学习英语。1897,
曼殊父亲与大陈氏离开上海回沥溪,曼殊只好寄住在姑母家中。
1898年,随表兄林紫垣赴日本横滨,进入大同学校就读,平
时食宿于林紫垣家。在大同学校,他开始结识了冯自由、郑贯
一、张文渭等人,当时他们都在该校读书。

1902年,曼殊在大同学校毕业,随即前往东京,与张文
渭一起进入早稻田大学高等预科。1903年,又改入成城学校,

在成城学校里，曼殊结识了刘季平。此时，曼殊的革命思想渐趋成熟，加入了义勇队及国民教育会。但他的表兄林紫垣反对他参加革命，断绝对他的经济支持，迫使他回国。苏曼殊不得不中途辍学，乘上日本轮博爱丸回到上海。又从上海到苏州，担任吴中公学教授，在此期间，结识了包天笑、祝心渊。农历八月，又回到上海，任《国民日报》翻译，与陈独秀、章行严、何梅士同事。

任翻译期间，苏曼殊用文言翻译了雨果的《悲惨世界》（当时译名为《惨社会》），出色的翻译功夫让雨果这篇名著的悲惨故事深深打动中国知识分子。同时开始在报上发表散文。十月十三日，《国民日报》被封，苏曼殊走避香港，住宿在香港《中国日报》馆内，结识了陈少白、王秋湄。隔了不久，苏曼殊因为和陈少白闹"不合"突然离开香港，去到惠州，在街头上偶尔看到一本唐诗选本，随手一翻，王维（字摩诘）的一首诗赫然入目："宿昔朱岩成暮齿，须臾白发变垂髫。一生几许伤心事，不向空门何处销。"便在一座寺庙里削发为僧。

一座破庙，几分薄田，苏曼殊在惠州某寺庙里过着穷困潦倒的生活。1904年农历正月，他不得不离开寺庙，又回到香港，复住《中国日报》馆内。父亲苏杰生去世后，与苏家断绝往来，这时他正好二十岁。在香港住了一段日子，又到上海，到国学社访叶清漪。在友人的资助下，经香港，前往暹罗、锡兰等国，同时学习梵文。到了夏天，在长沙实业学堂任教。

1912年苏曼殊离开爪哇归国，途至香港。兄长维翰从家乡沥溪前来探视，并赠银元五百给曼殊，两人合影留念。农历二月中旬由香港回上海，任《太平洋报》主笔。发表《南洋话》《冯春航谭》二文。

这是苏曼殊最后一次到香港。

1918 年 5 月 2 日，苏曼殊在上海病逝，年仅 35 岁。

苏曼殊身世迷离，一生飘零。虽是和尚，则又浪迹天涯，结交革命志士，又不断勤奋学习并作诗、绘画、写文。他的文章风格独特，愤怒时金刚怒目，叱咤风云；抒情时则如山谷清泉，澄澈透明；论理述志时又如长江黄河，一泻千里。他的小说又另是一种风格，悲情绵绵，感伤浓郁，令人读后欲哭无泪。柳亚子称苏曼殊为"一代的天才"。苏曼殊不但是著名的诗人、小说家、散文家和画家，而且是一位第一个把雨果的小说和拜伦、雪莱等诗人的诗作介绍到中国来的翻译家。苏曼殊的诗作现存约百首，多数为七绝，内容多是感怀之作，这种倾向在辛亥革命后诗作中体现得尤为明显。在艺术上他受李商隐的影响，诗风幽怨凄恻，弥漫着自伤身世的无奈与感叹，《东居杂诗》《何处》等皆是这类诗的代表。然而在苏曼殊诗歌创作的早期仍有一部分风格与后期迥异的作品，如《以诗并画留别汤国顿》二首所体现的爱国热情表现方式苍劲悲壮，与一般诗歌有区别。另外苏曼殊还创作了一部分风景诗，这些诗基调轻松，色彩鲜明，极富形象化，宛如一幅画卷，清新之气扑面而来，具有较高的艺术性，代表作有《过蒲田》《淀江道中口占》等。

除诗歌外，苏曼殊还翻译过《拜伦诗选》和法国著名作家雨果的名著《悲惨世界》，在当时译坛上引起了轰动。此外，苏曼殊自己也从事小说的创作，从 1912 年起他陆续创作而成的小说有《断鸿零雁记》《绛纱记》《焚剑记》《碎簪记》《非梦记》等6种，另有《天涯红泪记》仅写成两章。这些作品都以爱情为题材，多以悲剧结尾，有浓重的感伤色彩。苏曼殊注重对主人公心理的矛盾揭示，实际是其内心痛苦挣扎的真实写照。行文清新流畅，文辞婉丽，情节曲折动人，对后来流行的鸳鸯蝴蝶派小说产生了较大影响。

孙科：离开大陆的最后一站

孙科，字哲生，孙中山独子，1891年出生于香山县，1895年随祖母移民夏威夷檀香山，1917年回中国，在广州担任大元帅府秘书。

1921年2月，广州正式设市，时任市政厅长（即市长）的孙科与好友程天固参照孙中山《建国方略》中"建设广州为世界大港"的构想，起草了《广州市城市设计概要草案》，是中国最早的城市规划章程。孙科在广州设立了中国第一个城市管理机构——市政府，并且以公安局名称冠于警察部门，公安局的名称为中国特有并被沿用至今。他大力推进广州的现代市政建设——修马路，建公园，推动了广州市的现代化建设，也因此成为中国现代化城市建设的开拓者之一。他曾三任广州市长，两任立法院长，还担任过交通、青年、铁道等部的部长，以及行政院长等职。1947年任国民政府副主席。

1949年1月，蒋介石下台，国民党政权陷入混乱。3月，孙科辞去行政院院长职务，举家移居香港。同年7月，孙科参加完国民党非常会议后，认为"大局已无法挽回"，对国民党前程不抱任何希望，心灰意冷下决定蛰居香港。

孙科留港期间，对时局深感"悲观"、"情绪非常不好"，以致身心交瘁，对政治及一切事务均表倦怠，社会活动也能免则免。但树欲静而风不止，他的宅邸每天都有滞留在港的国民党军政人员叩门拜访，向孙科告贷。开始时，孙科对这些昔日的军政人员十分同情，每当有人上门求援，孙科就给他们每人10港元来缓燃眉之急。后来上门的人数日益增多，孙科便改以5港元搭救。但前来借钱的人仍络绎不绝，孙科只好离港暂避。

其实孙科刚到香港的时候，早已向港英政府申请出国护照，这本是很快就能收到批复的小事，但没想到中途却发生了变故。在孙科一家抵港不久，便有一名广东籍女子大肆宣扬与他有染，又向台湾和香港两地法院同时状告遭孙科遗弃，要求孙科立刻支付一笔数目不菲的赔偿。当时口袋已渐空的孙科自然无力支付，但状告孙科遗弃罪的女子得到了孙科政敌的支持，双方通过法律程序进行了诉讼。港英政府以诉讼未决不得离港为由，拒绝签发孙科的出国护照。直到1950年春，港英政府宣判孙科胜诉，孙科才得以离开。

1950年秋，孙科偕夫人经印度、希腊赴法国，抵达巴黎后，暂住老友、前驻苏大使傅秉常在巴黎郊外的别墅，开始了晚年流亡海外的岁月。这一年孙科60岁。

1952年7月，孙科夫人先行离开欧洲前往美国，12月下旬孙科才启程。孙科夫妇住在长女孙穗英家，次年迁居加州洛杉矶西部圣塔莫利卡，在此地居住四年，后迁至洛杉矶。

1956年3月，周恩来总理在北京会见英国客人马坤，请与孙科有数十年私交之谊的马坤代向孙科致意。周总理说，我们不能让孙中山先生的儿子长期流亡国外，中国政府仍然欢迎孙科先生返国。

然而，此时的孙科似乎已倦于政治，他对周恩来的口信没有作出回应。在南加州乡间已无任何固定收入的孙科夫妇与次子治强一家共同生活，依靠子女的小额接济，省吃俭用，一切自己动手。甚至有一段时间，孙科夫妇因经济窘迫只能吃番薯充饥。然而，他每天仍到附近的图书馆看书，家中也堆满了书籍，完全过着一种普通老人的困窘生活。

1965 年，孙科已经 75 岁高龄，在他流亡海外 16 年间，孙科从未返回过台湾。此时的孙科已步入垂暮之年，渐生归台之意。而台湾方面，自 60 年代初开始，孙科的某些故旧也为孙科赴台多方积极活动。1962 年"双十"节前夕，中山县籍"立委"刘崇龄向"行政院"提出质询。他说："哲生先生功在国家，过去担任过国民政府的副主席和行政院院长、立法院院长。最近孙先生于言词之间也怀念台湾的老朋友，同时表露出有思乡之感。"刘崇龄要求当局主动邀请孙科返台。对刘崇龄的质询，行政院副院长王云五回答说："政府非常欢迎哲生先生回国，而且在筹备中的第三次阳明山会谈，哲生先生也列入尽先邀请的名单。"不久，孙科的故旧、国民党元老梁寒超等粤籍要人积极活动，为孙科赴台进行各项具体安排。

1964 年由台湾出资，在美组织了"中华文化教育基金会"，并推举孙科任董事长，孙科前往华盛顿参加年会，来往机票及餐宿费用均由该会负责。从此孙科与台湾官方机构重新建起了联系。1965 年 10 月 29 日，孙科搭机从美返台，在台北松山机场受到蒋经国及两千余人的热诚欢迎。从此，孙科结束了海外流亡生涯，投奔蒋介石统治下的台湾。

1973 年 3 月，孙科最后一次参加公开活动，是日为孙中山先生逝世纪念日及台湾植树节，孙科亲到台北中山公园，手植一株连翘树，此后即闭门静养。8 月 23 日，孙科因胃部不适前往台北荣民总院治疗，住院一天后返家。8 月 26 日清晨，突感胸痛，呼吸困难，再入住荣民总院，经医生诊断为急性心肌梗塞并发心脏衰竭，至 9 月 13 日，病逝于台北荣民总院，享年 83 岁。

程天固：在香港启程的广州城市建设的开拓者

程天固，又名天顾，后因笔画太多而改为天固。1889 年 3 月生于广东香山（今中山）南鹚安定乡，父亲为乡村医生。他 10 岁考入香山中西学堂。小小年纪的程天固对乡村刻板的教育和老师的野蛮体罚十分不满。有一次，老师出了一对对联的上联："放牛归舍下"，要同学们对下联。同学们都知道老师有意嘲笑影射放学时大家一哄而散的情形，所以大家不肯做，但老师非要同学对下联，否则不让放学。一个年长的同学不满老师的专横，便对了"野猪常乐眠"，虽然不工整，但却戳中了这位老师在课堂上经常打瞌睡的陋习。作对的同学不敢交上去，便叫程天固交功课。老师看到对联后暴跳如雷，不分青红皂白，把程天固狠狠地毒打一顿。自此，不甘欺凌的程天固经常纠合一班同学和老师作对，13 岁便辍学。不久，程天固辗转前往印度尼西亚雅加达，在当地协昌机器厂当学徒。生活教育了他，15岁满师后程天固没有继续做一个技工，而是到新加坡考入英戈洛中国学校第三班学习。17岁升入最高第七班。

1906年，程天固在新加坡加入同盟会，为新加坡分盟最年轻的会员。1907年冬，他抵达美国进入当地一所私立高中学习。1909年高中毕业后，刚好遇到孙中山到美国为国内起义筹款。程天固便马上回国，一来回乡省亲，看望母亲，也到香港、广州走走，了解国内情况；二来，联系党人参加革命。1911年3月8日（即辛亥年农历三月二十九日黄花岗起义前夕），他与从南洋回来参加起义的同志由香港坐船去广州，可是，由于起义消息泄露，清军大肆逮捕革命者，所有码头关口不准轮船靠岸，程天固乘坐的佛山轮停靠在白鹅潭，他只好眼睁睁看着岸上的起义失败。回国这段经历让程天固萌生强烈的知识救国的念头，他回美国后，1911年考入加利福尼亚大学政治经济系学习，与孙科同学。在学期间，曾将三藩市宪章全文译出，刊登于广州报纸，使国人对现代城市市政有了最初的认识。加州大学毕业，程天固又入研究院学习，获硕士学位后，留校从事研究工作。1915年冬，族兄程华灿力邀程天固回国合办皮革厂，程天固便携眷回国。

一心回国创业的程天固在途经香港时遇到了老朋友潘达微。听到程天固想回国创业，潘达微劝道，现在广州由军阀龙济光盘踞，经济萎缩，民不聊生，不是创业的时候，建议他留在香港并介绍他任南洋兄弟烟草公司顾问，兼任香港中华基督教青年会商务夜校校长及青年会干事。后来，程天固还兼任广州机器工业总会名誉顾问、广州市商会主席及中山县安定乡小学校长。

1921年2月，广州正式设市，成立市政厅，孙科被委派到广州任市政厅长（相当于市长）。当时，广州的大路由石条砌成，西濠口到东堤是最长的石条路之一，市内多是全是石泥混铺的内街窄巷。入夜后，城内会在街闸处悬点油灯，再锁上街闸，天明才开，城内夜间能见度极差，治安十分混乱。这也让孙科清楚地感到广州市的市政建设迫在眉睫。

苦恼之际，他了解到程天固对城市建设方面也颇有想法，在报纸上刊登过自己翻译的三藩市宪章，加上二人又是同学兼老乡的关系，彼此都有初步的了解，孙科便请程天固担任广州工务局长一职。程天固原先并不想答应，一是因为当时他已被安排在公用局，发展电灯、自来水等事业，二是他对办实业更感兴趣。在孙科的诚意劝说之下，他决定出任工务局长一职。

工务局是由原市政公所工程科扩充而成，主管市政规划和建设。工务局的设立，实现了近代广州最初的建筑施工管理。程天固受孙科委托，主持广州市政建设规划。他参照孙中山先生《建国方略》"建设广州为世界大港"的构想，起草了《广州市城市设计概要草案》。该草案内容涉及城市面积、界线规划，道路系统及林阴道和公园地点规划，市郊公路规划，路面设计和铁路车站规划，港口规划以及市内分区和排水渠规划大要等十项，是中国最早的城市规划章程。在草案出台后，程天固又制定了一系列针对广州市政建设的具体方案。几个"大动作"下来，全城哗然，不少人都质疑程天固这个初出茅庐的年轻人太过急进，但孙科力排众议，执意下令执行程天固的城市规划方案。

很快，整个广州市便焕然一新。

在当时，广州是广东省的省会，是广东其他城市争相模仿的对象，广州超前的城市规划很快就成为了其他城市迈向现代化建设的风向标。

苏兆征：省港大罢工带头人

1925 年，上海五卅惨案发生后，为抗议帝国主义屠杀我同胞的罪行，香港和广州于 6 月 19 日举行了举世闻名的省港大罢工。省港大罢工坚持了一年零四个月，沉重打击了帝国主义势力，在中国工人运动史上写下了光辉一页。

这个世界历史最长的大罢工的领导者，就是中国工人运动的杰出领袖、香山人苏兆征。

苏兆征，1885 年出生于广东香山（出生地今属珠海市）一个贫苦的农民家庭。1903 年，他来到香港，在外国轮船上做杂役，这时候孙中山为革命经常坐轮船奔走海内外，两个香山人经常在船上相遇成为好朋友。在孙中山帮助鼓励下，苏兆征于 1908 年加入了同盟会。

1921 年 3 月，在苏兆征、林伟民等积极筹建下，中华海员工会联合总会在香港成立。1922 年 1 月，饱受压迫剥削的香港海员工人，在苏兆征、林伟民等领导下，举行了震惊中外的香港海员大罢工，成为中国共产党成立后第一次罢工高潮的新起点。之后，罢工的海员工人陆续回到广州，在广州设立了罢工总办事处，苏兆征被选为总务部主任，后被推举担任代理会长职务，负责全面的领导工作，并出任谈判代表。英国殖民当局为了让工人复工，软硬兼施，既用高压政策威胁，又指使资本家收买罢工领导人，苏兆征坚定沉着，机智果敢，紧紧依靠广大海员，领导罢工取得了胜利。

1925 年 3 月，苏兆征加入中国共产党。同年 5 月，第二次全国劳动大会在广州举行，大会成立了中华全国总工会，苏兆征当选为执行委员。

也在这一个月的 5 月 14 日，在上海日本纱厂的工人为抗议日本资方无理开除工人再度罢工，日本资本家开枪打死工人顾正红（共产党员），打伤十余名工人，激起上海工人、学生和市民的愤怒。同时，在上海的帝国主义者提出有损中国主权，打击中国民族工商业的"四提案"（增订印刷附律，增加码头捐，交易所注册及所谓"取缔重工法案"），并决定于 6 月 2 日在上海纳税外人会上通过，引起了包括民族资产阶级在内的上海各阶层人士的强烈反对。

5 月 30 日，上海学生两千余人在租界内散发传单，发表演说，号召收回租界，被英国巡捕逮捕一百余人。下午万余群众聚集在南京路老闸捕房门首，要求释放被捕学生，高呼"打倒帝国主义"等口号。英国巡捕开枪射击，当场死亡 11 人，被捕者、受伤者无数，造成震惊中外的"五卅"惨案。当夜，中共中央召集会议，决定扩大斗争规模，举行罢工、罢课、罢市，抗议英帝国主义的大屠杀。

刚刚加入中国共产党的苏兆征正式以共产党员的身份走

上了中国的政治舞台。他被香港各工会代表一致推举为"全港工团联合会"主席，与邓中夏一起领导香港工人于1925年6月19日开始总罢工，声援上海工商学联合会提出的十七项条件，并向香港当局提出政治自由、法律平等、普遍选举、劳动立法、减少房租、居住自由等六项要求。十五天中，罢工人数达二十五万。

省港大罢工坚持了一年零四个月，沉重打击了帝国主义势力，在中国工人运动史上写下了光辉一页。

1926年1月，苏兆征在全国海员第一次代表大会上当选为总工会执委会委员长。5月1日，第三次全国劳动大会在广州召开，苏兆征被选为全国总工会执委会委员长，成为全国工人所拥戴的领袖。

1927年四一二反革命政变后，苏兆征出席在武汉召开的党的五大，当选为中央政治局候补委员。会后，他与刘少奇、李立三主持召开了第四次全国劳动大会，对国民党新军阀屠杀共产党员和革命群众、摧残工会的罪行提出强烈抗议，明确宣布："无论付出多大牺牲，中国无产阶级将坚持斗争到底！"为挽救革命，党中央在汉口召开紧急会议，即八七会议。会议确定了土地革命和武装反抗国民党反动派的总方针，选出了新的临时中央政治局，苏兆征当选为中央临时政治局委员，他与瞿秋白、李维汉一起被选为中央政治局常委，成为党的核心领导之一。会后，苏兆征到上海参加党中央领导工作，负责管理中央财务小组和全国总工会。

1928年春，苏兆征赴苏联参加赤色职工国际第四次代表大会和共产国际第六次代表大会，均当选为执委会委员，并当选为农村工会国际副委员长，成为国际职工运动中享有威望的领导人之一。在莫斯科期间，苏兆征出席了党的六大，仍当选为中央政治局委员、常委。

1929 年 2 月 25 日，苏兆征不幸病逝。各地党组织纷纷通过各种方式举行悼念活动，纪念这位中国共产党的优秀党员和杰出的工人运动领导人。

容国团：从香港出发的世界冠军

容国团，中山县南屏乡人，1937 年出生于香港，我国著名乒乓球运动员，中国第一个世界冠军。

容国团出生于香港一个海员家庭，家境拮据。13 岁那年，由于父亲容勉之失业，容国团不得不退学，去一家渔行当童工。每天起早摸黑在一片泥污腥臭中拣鱼运虾，年幼力单加上劳累和营养不良，容国团染上了肺结核。

生活的困顿和身体的痛苦难以排解，容国团便经常去父亲单位工联会的康乐馆玩耍。在这里，他开始喜欢上乒乓球。那个灵活的小白球不仅让他锻炼身体，也避免像足球和篮球这些需要身体接触的激烈对抗，而且接发球、推挡等打法都可以尽情发挥他的聪明才智。由于他十分好学，球技进步飞快。

1955 年 10 月 1 日，香港居民组织庆祝中华人民共和国成立 6 周年的活动。容国团应邀参加工联会组织的乒乓球表演赛。

容国团在香港任职的工会单位，在湾仔修顿球场隔邻的一幢旧楼上，面积不足 100 平方米，其中有一间房放着一张乒乓球桌，那就是容国团的天地。

他的工作极其枯燥，闲暇时，他就在球桌上单独研习发球。至今很多乒坛名将变幻莫测的发球招数，都源于这间名不见经传的工会斗室。也是在这斗室之中，容国团创立了持直板的四个重要法门：发球、接发球、左推、右扫。这四个在今天看来是很基础的打法，在20世纪50年代却是一个革命性的创新——正是凭借着这四招"独门技法"，容国团在香港球坛成为"街头球王"。

1952年，年仅15岁的容国团代表香港工联乒乓球队参加比赛。他研究出来的快速抽击，打破了当时主导欧洲和日本的花巧式打球方法，一时间，容国团成为香港各大球会争抢的天才球手。

1954年，17岁的容国团在香港乒乓球埠标赛获得冠军。

1956年，容国团以港澳联队的身份，赴北京访问，打败了当时的全国冠军王传耀、傅其芳等名将。

真正令他成名的是4月23日当时的乒乓球世界第一强队日本访问香港那一战。

容国团与当时刚刚获得男单世锦赛冠军的荻村伊智朗在九龙的伊丽莎白体育馆切磋球技，爆出了一个大冷门。他以21∶19、21∶13连胜两局。

狄村当时以正手抽击雄霸乒坛，百战百胜，容国团将之斩落马下，因此红极一时。据容国团的朋友、经济学家张五常回忆，容国团当时在一间左派工会任职，备受外界歧视。战胜狄村这样的大事发生，赛后的伊丽莎白体育馆更衣室里竟然没有记者来，冷冷清清，只有他们两个人。

1957年2月，在全港乒乓球赛上，容国团代表工联会参战，与队友一举夺得男团、男单和男双三项冠军，成为"乒乓奇才"。夏天，容国团作为港澳乒乓球队成员到北京、上海、广州等地访问。这趟旅程，让他下定决心，到内地打球，为国效力。

两个月后，在国家体委主任贺龙的帮助下，冲破重重阻力的容国团终于跨过深圳的罗湖桥，进入广州体育学院。

"这是我走向新生活的第一天，我心里充满了幸福感。"容国团在当天的日记中写道。多年后，他还这样评价自己的父亲："我一生最感激父亲的，就是他支持我回到社会主义祖国来。"

容国团回国后的第一件事，便是在广州体委一次大会上，立下"三年夺取世界冠军"的誓言。容国团这一举动可谓是把自己"逼上梁山"。

1959年4月，在联邦德国多特蒙德第25届世界乒乓球锦标赛上，容国团以3：1战胜匈牙利名将多西，为中国夺得了第一个乒乓球男子单打世界冠军。他也是中华人民共和国第一个世界冠军获得者。